Descubra Juegos Gratis Online

Disponibles Aquí:

**BestActivityBooks.com/FREEGAMES**

# 5 CONSEJOS PARA EMPEZAR

## 1) CÓMO RESOLVER LAS SOPA DE LETRAS

Los rompecabezas tienen un formato clásico:

- Las palabras se ocultan sin espacios ni guiones,...
- Orientación: Las palabras pueden escribirse hacia delante, hacia atrás, hacia arriba, hacia abajo o en diagonal (pueden estar invertidas).
- Las palabras pueden superponerse o cruzarse.

## 2) APRENDIZAJE ACTIVO

Junto a cada palabra hay un espacio para anotar la traducción. Para fomentar un aprendizaje activo, un **DICCIONARIO** al final de esta edición te permitirá comprobar y ampliar tus conocimientos. Busca y anota las traducciones, encuéntralas en el puzzle y añádelas a tu vocabulario!

## 3) MARCAR LAS PALABRAS

Puedes inventar tu propio sistema de marcado. ¿Quizás ya usas uno? También puedes, por ejemplo, marcar las palabras difíciles de encontrar con una cruz, las que te gustan con una estrella, las nuevas con un triángulo, las raras con un diamante, etc.

## 4) ESTRUCTURAR EL APRENDIZAJE

Esta edición ofrece un **CUADERNO DE NOTAS** muy práctico al final del libro. En vacaciones, de viaje o en casa, podrás organizar fácilmente tus nuevos conocimientos sin necesidad de un segundo cuaderno!

## 5) ¿HABÉIS TERMINADO TODAS LAS PARRILLAS?

En las últimas páginas de este libro, en la sección **DESAFÍO FINAL**, encontrarás un juego gratis!

¡Rápido y sencillo! Echa un vistazo a nuestra colección de libros de actividades para tu próximo momento de diversión y aprendizaje, ¡a sólo un clic de distancia!

Encuentre su próximo reto en:

BestActivityBooks.com/MiProximoLibro

# En sus marcas, listos, ¡Ya!

¿Sabías que hay unas 7.000 lenguas diferentes en el mundo? Las palabras son preciosas.

Nos encantan los idiomas y hemos trabajado duro para crear libros de la más alta calidad para tí. ¿Nuestros ingredientes?

Una selección de temas adecuados para el aprendizaje, tres buenas porciones de entretenimiento, y luego añadimos una cucharada de palabras difíciles y una pizca de palabras raras. Los servimos con cariño y máxima diversión para que puedas resolver los mejores juegos de palabras y te diviertas aprendiendo!

-------

Tu opinión es esencial. Puedes participar activamente en el éxito de este libro dejándonos un comentario. Nos encantaría saber qué es lo que más le ha gustado de esta edición.

Aquí hay un enlace rápido a tu página de pedidos:

BestBooksActivity.com/Opiniones50

Gracias por tu ayuda y diviértete!

*Todo el equipo*

# 1 - Arqueología

```
H Y N A F I A E T H N I J G K
Z U C O U A H C Y R H T R W G
D I R G E L W C H A V Î W A D
B L Y N Y D D O E D D M G R A
A W Z V K G W R I A R C I E D
Y N R Y G S E H S Z I J N I A
R Q G O S U H T R E W G E D N
T X T H Q I V A L Z N R B D S
P L I S O F F A U D D H R I O
X A T J Q F C Y F N O D A A D
Q V Q Z J Y I K K B L M E D D
F Y B S D B W O B X S O Q B I
D I S G Y N N Y D D G L N A A
N Y M C H W I L Y D D L B T D
A N H Y S B Y S M O Z V C V T
```

| | |
|---|---|
| DADANSODDIAD | FFOSIL |
| HYNAFIAETH | ESGYRN |
| BLYNYDDOEDD | YMCHWILYDD |
| GWAREIDDIAD | DIRGELWCH |
| DISGYNNYDD | GWRTHRYCHAU |
| ANHYSBYS | ANGHOFIO |
| TÎM | ATHRO |
| CYFNOD | CRAIR |
| GWERTHUSO | DEML |
| ARBENIGWR | BEDD |

# 2 - Granja #2

```
D F D I A R W Y L L Y S I A U
O Y Q D B D Ô L S E X Y V F K
C F F I V Y N A A G W T J N F
B U J R V W T E N J U H S W C
B U B D H B S D I O U B E B I
L R G X G A M D F P M P O K G
U R G A I M U F E K C T T R O
H U W P I A C E I Q Q T R X E
J C E D H L Q D L F I J A B N
F J N R O C K U I J W N C E W
K D I A F E D S A R D D T R Z
H H T Y W R F F I T A U O L E
B Z H T E A L L D E D V R L R
L H A I D D F F E R M W R A Z
H W Y A D E N F T M B T P N P
```

| | |
|---|---|
| FFERMWR | AEDDFED |
| ANIFEILIAID | CORN |
| HAIDD | DEFAID |
| BWYD | BUGAIL |
| CIG OEN | HWYADEN |
| FFRWYTH | DÔL |
| YSGUBOR | DYFRHAU |
| BERLLAN | TRACTOR |
| LLAETH | GWENITH |
| LAMA | LLYSIAU |

# 3 - La Empresa

```
B D I W Y D I A N T J U R X A
P R O F F E S I Y N O L O H Y
P O S I B I L R W Y D D S C S
C Y F L W Y N I A D O U K A C
W G I J W U C R E A D I G O L
Q G B P V F C Y N N Y D D L C
I E W A L J U R E F E N I W Y
B U S N E S A D N O D D A U F
U V A B U D D S O D D I A D L
N D A I N Y F R E D N E P G O
E K D T G N A E D Y B Z J Q G
D A W U Q S A N S A W D D I A
A E N C C V I Y U R O D X R E
U E E F P H C R Y N N Y C N T
V A R L O E S O L H Y D L T H
```

ANSAWDD
CREADIGOL
PENDERFYNIAD
CYFLOGAETH
BYD-EANG
DIWYDIANT
REFENIW
ARLOESOL
BUDDSODDIAD
BUSNES

POSIBILRWYDD
CYFLWYNIAD
CYNNYRCH
PROFFESIYNOL
CYNNYDD
ADNODDAU
ENW DA
RISGIAU
UNEDAU

# 4 - Pesca

```
T  T  H  T  N  X  P  Z  X  F  K  U  I  Q  P
Z  R  G  U  A  S  Y  W  P  P  T  N  B  L  R
L  A  A  C  Z  G  K  U  D  F  H  Ê  F  B  B
D  B  D  E  D  B  E  G  B  N  P  N  O  F  A
Ŵ  W  J  X  T  F  J  L  G  W  I  F  R  E  N
R  Y  P  P  R  H  J  E  L  L  Y  G  S  E  C
O  D  D  E  N  Y  M  A  S  A  L  U  V  P  E
M  Z  Z  U  V  P  P  B  P  B  U  Z  I  N  F
Y  R  D  R  X  S  L  A  S  T  O  G  V  F  N
T  J  K  N  P  F  Q  S  H  U  I  N  O  K  F
O  Z  A  K  X  X  B  G  S  G  N  R  I  G  O
F  O  U  A  F  H  U  E  K  L  I  D  K  A  R
F  B  A  C  H  Y  N  D  F  L  G  A  U  V  D
E  I  G  E  V  A  T  Z  C  Y  O  S  L  Q  D
R  E  L  G  F  C  W  C  H  N  C  P  G  I  B
```

| | |
|---|---|
| DŴR | BACHYN |
| ESGYLL | LLYN |
| CWCH | ÊN |
| TAGELLAU | CEFNFOR |
| GWIFREN | AMYNEDD |
| ABWYD | PWYSAU |
| BASGED | TRAETH |
| COGINIO | AFON |
| OFFER | TYMOR |
| ESBONIAD | |

# 5 - Aviones

```
V F F H O L T N S P I K W A C
C I Z O Y K F A E H H C H D H
O W X Y I E O I N A L G E E W
H C L Y G R Y W A W R R Q I Y
V E J O G E M Z H S Y E K L D
C Y N I G I O N N D W D X A D
P D V W K L P F D N A H D D O
Z E Y Y L J Y H O B K C M U C
S A I L R F U S J W Z U F I Y
K T C R U C Y F E I R I A D N
M P F J I N E G O R D Y H N N
A X N I K A I X L C T D W P W
B A L Ŵ N P N O P E I L O T R
D D N L V R U T N A U D Q H F
N V C T L C C T E I T H W Y R
```

UCHDER
GLANIO
AWYRGYLCH
ANTUR
AWYR
TANWYDD
ADEILADU
CYFEIRIAD
DYLUNIO
BALŴN

CYNIGION
HYDROGEN
HANES
CHWYDDO
PEIRIANT
LYWIO
TEITHWYR
PEILOT
CRIW
CYNNWRF

# 6 - Tipos de Cabello

```
C Y R L I O G S P Q P K P K U
K U G C D Y W L L B A E V B G
B R O W N Y W G E K S R Z N G
T P G Y O K P V T S J T I C O
L R O P L U J V H S Y C H A I
L F W Q B B U Y E G U L C Y N
I O V C E Y L T D Z Q M A W I
W W G U H R U E I O S E I Y E
K T B M P U O N G I D D B T L
B L E T H I S A H G T D A R G
C V Z G R U P U J N M A L I S
I U Y N E V A U T Z Y L O C J
Q R R D H Z H H J U X E B W N
U Y B L O Z I F H E U O F P P
O H V L S G R R J R L M I D U
```

| | |
|---|---|
| GWYN | DU |
| SGLEINIOG | ARIAN |
| MOEL | CYRLIOG |
| LLIW | CURLS |
| BYR | BLOND |
| TENAU | IACH |
| LLWYD | SYCH |
| TRWCHUS | MEDDAL |
| HIR | PLETHEDIG |
| BROWN | BLETHI |

# 7 - Ciencia Ficción

```
X U I H A I P O T U D T B R R
Q A M C E O E S N G T E L O R
B R T E D B L G I M O T A B E
D F W Y H X L O C N Â T N O A
T Y O R A C L E F X E O E T L
E L F L Q L R G S A C M D I I
C L D O C H T B H S H U A A S
H X Q G D G W Y C H J T G I T
N M W Y Y O Q Y Y D Q X I D I
O Q V M B L L D I R G E L E G
L Z S H K S U A G A L A E T H
E G W C H E D T I R H I T H O
G O K Y U L D A R D Y W R F F
K V I D A U D X V Q D J S W Z
A F P S G R Q K K B U B U X P
```

ATOMIG
SINEMA
PELL
FFRWYDRAD
EITHAFOL
GWYCH
TÂN
DYFODOLAIDD
GALAETH
RHITH

DYCHMYGOL
LLYFRAU
DIRGEL
BYD
ORACLE
BLANED
REALISTIG
ROBOTIAID
TECHNOLEG
UTOPIA

# 8 - Granja #1

```
D Ŵ R T D V B X E R F F E N S
R V F I M U D W R A E K D N M
X F A R C E F F Y L W I P T O
A W G M Ê L T P U Z E Q S E N
I S O H H K M T B X Q U P G A
E E Y C Q Q N W O K G V O W I
R A O N O S O W H C W U B A L
X M H L I U N I T Q E V O I Q
H J F Z X E A X A I N L B R L
B I V U W O J T C K Y F R Â N
D D I A D E L L Q W N Q S I Q
M X C D V J I L N K W G W W Q
B U S A X U I K Z V E Q P Y V
U U A H T I A T R W G U E C K
P L M Q L G E D O C U O Y O S
```

| | |
|---|---|
| GWENYN | GWAIR |
| DŴR | MÊL |
| REIS | CI |
| ASYN | CYW IÂR |
| CEFFYL | DDIADELL |
| GAFR | HADAU |
| MAES | LLO |
| FRÂN | TIR |
| GWRTAITH | BUWCH |
| CATH | FFENS |

# 9 - Camping

```
N O N F P A M Y O Z Y N H P C
C A N Ŵ R E F F O E C H A B Y
R G A T Y K F F D F O I M R J
A F B W F L A C O D E Q M R E
U Q A S E E H B T I D V O O B
I Z C E D O R C A A W H C U C
M H E T E O D N E I A M K S O
I Y I J V T G A O L P H E L A
Q I N T N Z J T N I M Y O F O
Q V L Y S L Q U R E W U E Q H
K T O L D N L R E F C Q M R V
L N W E Y D O E S I T U I A D
M R R U T N A N U N Â R P W Y
C O E D W I G E L A N O R M G
K M W I B R X G L T D D N D Z
```

ANIFEILIAID

ANTUR

COED

COEDWIG

CWMPAWD

CABAN

CANŴ

HELA

RHAFF

OFFER

TÂN

HAMMOCK

PRYFED

LLYN

LLUSERN

LLEUAD

MAP

MYNYDD

NATUR

HET

# 10 - Fruta

```
Y A A T X E M H P Q Y F D C N
G W X A P N N X N G A O M D L
E Q Z H L R I M O D A C O F A
L E M O N K I A R N I O I J F
B R I C Y L L F E T A C B W A
M E L O N P O O A B P U A O I
I U S X O T F N C R A A N Z W
N E C T A R I N E E P N A B S
P E A C H B L I H R I C N J D
Q Y V L Q U V R A T O R A N C
Y I A O M G J I V P G Y I K O
N J U A N A Y E F Q N E P O Y
V X G Y L L E G Z R A D J F S
G R A W N W I N N E M N W P T
I R F B L Q B X W O I M T I D
```

AFOCADO
BRICYLL
AERON
CEIRIOS
EIRIN
CNAU COCO
MAFON
GUAVA
CIWI
LEMON

MANGO
AFAL
PEACH
MELON
OREN
NECTARINE
PAPAIA
GELLYG
BANANA
GRAWNWIN

# 11 - Geología

```
C Y F A N D I R D S B W M Y L
Y D S G W D S F S A S Y W X A
H A L E N C T N E V V Z Y R F
O T E R V R A L T N N L N G A
N S R R P I L L I T I O A N P
T A W A T S A O T S J V U H X
N W C C P I G S C G O B W A J
K G Z H E A M G A P E F U E E
M C U V M L I F L O S Y F N S
P I U Y B A D Y A G O J S H K
P F H A J U A N T O N T S E T
A Q E O Y D U Y S F A S I D R
D G U N O W O D C A L S I W M
T Q Q H K H H D C W A R T S G
Y G O W M F D A E A R G R Y N
```

ASID
CALSIWM
HAEN
OGOF
CYFANDIR
CWREL
CRISIALAU
CWARTS
STALACTITE
STALAGMIDAU

FFOSIL
GEYSER
LAFA
GWASTAD
MWYNAU
CARREG
HALEN
DAEARGRYN
LLOSGFYNYDD
PARTH

# 12 - Inmigración

```
Q R S H T I A I F N P I B X L
V P M T C Y F A T H R E B U T
Z M M I I V O D Z N Z V Q M R
S T R A E N O I L O D E O G A
W Z Z R L D I O G E L U Y H F
S V A F L L Y F E S X K E D O
S S I Y C F Q V L I X Y E P D
Y W X C D O G F E N N A U L C
L Y Y U T D S B E A T E B A Y
U A C D A I D D Y D P E C N M
T X K U D D Y N I E W G Y T O
A V U C T O Z P N W N D L T R
I L E T G D G S T O K F L N T
Z X B X C C D H N W O O I Q H
S F F I N I A U Z V K O D L S
```

GWEINYDDU
OEDOLION
CYMORTH
CYFATHREBU
DOGFENNAU
STRAEN
DYDDIAD CAU
CYLLID
FFINIAU

IAITH
CYFRAITH
TRAFOD
PLANT
SWYDDOG
DIOGELU
SEFYLLFA
ATEB
TAI

# 13 - Álgebra

```
B  D  F  K  V  Y  D  T  S  L  U  Q  P  F  M
N  P  F  G  K  L  H  N  Y  O  E  K  A  F  A
E  L  A  S  G  P  S  I  R  N  J  Q  R  R  T
W  M  C  T  O  L  S  A  T  I  N  K  E  A  R
I  E  T  P  J  O  M  M  A  L  J  U  N  C  I
D  L  O  C  T  R  E  I  D  L  I  Z  T  S  C
Y  B  R  F  C  D  A  I  L  A  F  A  H  I  S
N  O  I  D  D  I  E  L  M  Y  S  F  E  W  F
M  R  K  E  Z  E  O  F  N  A  B  F  S  N  J
R  B  N  A  C  F  H  P  Q  V  R  U  I  I  T
Y  C  H  W  A  N  E  G  I  A  D  G  S  U  F
A  U  O  A  R  A  S  E  R  O  X  F  A  P  D
E  T  V  Z  H  J  K  C  T  M  X  X  M  I  E
B  E  E  Q  I  F  F  O  R  M  I  W  L  A  D
N  J  O  B  F  V  Z  S  D  I  Q  S  K  G  Z
```

| | |
|---|---|
| YCHWANEGIAD | LLINOL |
| MAINT | MATRICS |
| SERO | RHIF |
| DIAGRAM | PARENTHESIS |
| HAFALIAD | BROBLEM |
| FFACTOR | DATRYS |
| FFUG | TYNNU |
| FFORMIWLA | SYMLEIDDIO |
| FFRACSIWN | ATEB |
| ANFEIDROL | NEWIDYN |

# 14 - Plantas

```
M  M  G  G  F  E  Y  C  V  N  N  C  H  Y  G
I  U  S  E  K  T  I  L  I  M  B  A  A  J  A
Z  R  T  U  F  J  R  D  Z  Y  E  C  U  V  R
C  O  G  E  L  Q  W  P  D  S  A  T  L  E  D
X  H  T  I  A  T  R  W  G  E  B  U  Z  B  D
C  Y  L  S  F  K  N  M  H  V  W  S  F  J  D
X  A  L  Y  F  A  S  L  O  I  M  U  F  O  I
Z  C  E  L  G  O  S  W  M  F  J  E  E  B  A
N  Y  W  L  L  Q  G  A  N  P  E  T  A  L  R
E  T  S  I  S  Y  I  E  C  Y  D  K  R  K  W
G  J  A  A  C  B  W  H  T  F  P  A  O  P  G
I  F  L  D  E  O  D  H  H  A  Q  G  L  X  V
F  Y  G  C  H  R  E  B  A  M  B  Ŵ  F  R  A
P  E  K  Z  S  T  O  D  B  H  P  P  O  G  P
S  B  M  Y  C  W  C  N  Y  D  O  L  B  I  E
```

| | |
|---|---|
| LLWYN | DAIL |
| COED | FFA |
| BAMBŴ | EIDDEW |
| AERON | GLASWELLT |
| COEDWIG | GARDD |
| LLYSIEUEG | MWSOGL |
| CACTUS | PETAL |
| GWRTAITH | GWRAIDD |
| BLODYN | HAUL |
| FLORA | |

# 15 - Negocio

```
A B S C Y F L O G W R Z C R N
J U C W S W Y D D V D V O C W
X D P Y Y V T R E T H I S M Y
F D P F L D A R I A N L T V D
F S N S M L D U S D U A I S D
F O I I X U I F Y Q E A L F A
A D C O K P X D A A D K D E U
T D I P R V U B E Z L G P G H
R I M Z S S W B N B T I J Y T
I A J J A E T N W O G S I D R
I D E U R Q I A G O L F Y C E
R A M G M E X F F S F W N V W
Q S A J N I Q R Z F H E T V G
J T A D I L L Y C C W M N I W
K T R A F O D G E M O N O C E
```

| | |
|---|---|
| GYRFA | TRETHI |
| COST | BUDDSODDIAD |
| DISGOWNT | NWYDDAU |
| ARIAN | SWYDDFA |
| ECONOMEG | STAFF |
| CYFLOGAI | CYLLIDEB |
| CYFLOGWR | SIOP |
| CWMNI | SWYDD |
| FFATRI | TRAFOD |
| CYLLID | GWERTHU |

# 16 - Jardín

```
I  X  B  T  Z  X  T  D  G  R  S  Y  Q  G  M
P  S  A  R  E  T  J  F  E  L  I  Z  S  I  H
E  Q  U  A  I  G  I  E  R  C  R  S  Z  U  R
K  C  O  M  M  A  H  V  D  B  H  N  J  Q  V
Y  N  T  P  G  G  A  R  E  J  A  C  A  H  R
B  I  P  O  A  L  G  S  T  N  W  A  L  R  E
E  A  R  L  Z  P  A  A  A  Q  Y  G  Q  H  P
B  M  O  Î  M  K  G  S  R  X  Y  W  Y  V  P
Y  W  W  N  Y  W  H  C  W  D  S  N  L  J  R
B  L  O  D  Y  N  J  I  J  E  D  O  Y  L  I
O  L  C  Y  N  T  E  D  D  O  L  V  X  E  D
V  E  P  W  L  L  M  Y  H  C  S  L  M  Z  D
M  B  M  F  F  E  N  S  Z  I  I  L  T  F  I
Z  I  D  X  Y  J  G  W  J  D  Q  D  N  E  I
Q  P  G  Q  X  L  K  M  L  T  W  L  L  M  M
```

| | |
|---|---|
| LLWYN | CHWYN |
| COED | PIBELL |
| MAINC | RHAW |
| LAWNT | CYNTEDD |
| PWLL | RHACA |
| BLODYN | CREIGIAU |
| GAREJ | PRIDD |
| HAMMOCK | TERAS |
| GLASWELLT | TRAMPOLÎN |
| GARDD | FFENS |

# 17 - Países #2

```
A W S T R A L I A L T P D P I
U F C O J D Q V H F A A E O B
E E W R G N I Á R C W K N R B
S Y R I A A Q Y H F S I M T I
G R O L K G O E A F T S A I K
J W R U T U M Q I R R T R W G
Y A L W S U D A N A I A C G S
S Z P A S H O S G I A N C A J
L Q N A D I E A Q N V I U L A
A F A W N G A K J C E U G Q M
O M I U S H R A L B A N I A A
S R V G J O S O C I S C E M I
X T M N O D D R E W I B R H C
I N D O N E S I A G O A F X A
L J C E T H I O P I A F V F W
```

| | |
|---|---|
| ALBANIA | JAPAN |
| AWSTRALIA | LAOS |
| AWSTRIA | MECSICO |
| DENMARC | PAKISTAN |
| ETHIOPIA | PORTIWGAL |
| FFRAINC | RWSIA |
| GWLAD GROEG | SYRIA |
| INDONESIA | SUDAN |
| IWERDDON | WCRÁIN |
| JAMAICA | UGANDA |

# 18 - Números

```
C  O  W  X  P  V  C  H  D  H  P  P  R  C  S
C  F  W  R  B  Y  S  O  E  M  H  S  O  F  E
N  H  T  Y  W  C  E  E  G  R  M  L  L  W  R
C  T  W  L  J  G  E  D  D  R  A  I  R  T  O
A  I  G  E  P  B  D  E  E  V  N  U  F  V  Y
S  A  E  M  C  B  A  U  D  U  A  Y  Y  Q  D
J  S  H  G  A  H  U  D  D  E  W  S  R  E  M
Y  E  T  J  H  R  X  D  P  M  U  P  Y  E  U
P  Y  M  T  H  E  G  E  S  E  M  N  P  U  U
F  O  Y  S  T  L  O  G  E  D  D  R  A  T  E
B  M  B  O  A  U  G  A  I  N  J  W  P  W  I
F  W  R  A  M  I  M  V  U  A  O  K  A  I  N
B  I  A  F  I  N  V  G  J  E  P  R  C  R  F
Z  E  N  E  G  Q  J  L  G  C  I  R  S  T  K
C  X  U  M  E  D  J  O  W  U  T  N  Z  E  M
```

| | |
|---|---|
| SERO | NAW |
| PUMP | WYTH |
| PEDWAR | PYMTHEG |
| DEGOL | CHWECH |
| DEUNAW | SAITH |
| UN AR BYMTHEG | TRI AR DDEG |
| DEG | TRI |
| DEUDDEG | UN |
| DAU | UGAIN |
| MATH | |

# 19 - Física

```
S  U  Z  J  Z  G  E  T  E  N  G  A  M  D  C
A  M  L  D  E  R  L  O  L  I  T  O  P  I  E
M  L  K  V  D  D  E  S  Y  W  D  A  A  S  M
N  À  R  A  E  L  C  W  I  N  A  C  D  G  E
D  J  S  N  W  Y  T  D  Q  H  P  I  Q  Y  G
L  V  N  X  G  V  R  I  V  D  M  W  R  R  O
M  K  P  A  F  W  O  I  C  A  L  M  Y  C  L
S  K  T  L  O  T  N  T  Y  M  Y  L  A  H  W
A  T  O  M  M  E  C  A  N  E  G  A  T  I  I
F  F  O  R  M  I  W  L  A  A  P  N  H  A  C
C  Y  F  L  Y  M  I  A  D  M  I  H  O  N  E
C  Y  F  F  R  E  D  I  N  O  L  R  P  T  L
G  R  O  N  Y  N  N  A  U  H  W  E  I  J  O
C  Y  F  L  Y  M  D  E  R  Y  K  F  K  E  M
A  Z  I  H  T  X  C  H  E  H  T  N  S  A  P
```

CYFLYMIAD
ATOM
ANHREFN
DWYSEDD
ELECTRON
FFORMIWLA
AMLDER
NWY
DISGYRCHIANT
MAGNETEG

MÀS
MECANEG
MOLECIWL
PEIRIANT
NIWCLEAR
GRONYNNAU
CEMEGOL
YMLACIO
CYFFREDINOL
CYFLYMDER

# 20 - Belleza

```
Q  Q  N  A  L  L  K  O  S  L  R  U  C  F  M
S  I  A  M  P  L  W  U  Z  W  U  M  D  R  I
C  W  C  K  O  P  I  I  H  C  Y  R  D  A  N
A  A  G  K  A  Q  K  W  Z  O  I  N  S  G  L
I  X  I  R  M  N  T  T  H  L  X  P  I  R  L
N  A  N  U  N  W  S  J  V  E  L  M  S  A  I
N  R  E  C  O  L  U  R  K  W  U  D  W  N  W
G  O  G  E  A  R  A  C  S  A  M  B  R  C  C
R  G  O  F  Y  W  D  Y  M  U  G  B  N  E  D
A  L  T  G  W  A  S  A  N  A  E  T  H  A  U
S  R  O  W  Y  M  C  E  I  N  D  E  R  Z  C
C  Y  F  A  N  S  O  D  D  I  A  D  B  L  R
R  C  F  D  K  A  N  D  A  A  L  B  I  G  O
S  T  E  I  L  Y  D  D  D  Q  B  F  W  E  E
B  I  K  L  H  F  J  B  E  X  U  J  F  K  N
```

| | |
|---|---|
| OLEWAU | FFOTOGENIG |
| AROGL | FRAGRANCE |
| SIAMP | GRAS |
| LLIW | CYFANSODDIAD |
| COLUR | CROEN |
| CEINDER | MINLLIW |
| CAIN | CURLS |
| SWYN | MASCARA |
| DRYCH | GWASANAETHAU |
| STEILYDD | SISWRN |

# 21 - Países #1

```
I  P  E  M  N  I  C  A  R  A  G  U  A  Y  X
P  N  T  H  A  L  E  U  Z  E  N  E  V  R  C
H  G  D  L  P  L  O  O  E  A  M  A  N  A  P
I  W  D  I  Q  A  I  Z  F  E  E  H  C  L  P
L  L  J  G  A  D  Y  R  A  I  F  F  T  M  I
I  A  V  U  F  I  F  W  L  I  B  Y  A  A  N
P  D  Y  P  W  E  R  R  O  D  A  W  C  E  O
P  B  J  L  B  R  S  Z  C  R  O  I  O  N  R
I  E  M  T  S  Y  E  Y  O  W  F  V  S  I  W
N  L  I  S  A  R  B  A  R  T  Y  H  G  N  Y
E  G  C  A  N  A  D  A  O  O  V  X  U  N  O
S  A  R  U  D  N  O  H  M  J  Y  R  Z  A  N
G  W  L  A  D  P  W  Y  L  X  Y  D  T  I  H
I  X  F  S  B  A  E  N  D  W  S  K  Q  R  J
T  C  G  W  W  C  K  J  O  Y  W  S  E  A  O
```

| | |
|---|---|
| YR ALMAEN | INDIA |
| ARIANNIN | YR EIDAL |
| GWLAD BELG | LIBYA |
| BRASIL | MALI |
| CANADA | MOROCO |
| ECWADOR | NICARAGUA |
| YR AIFFT | NORWY |
| SBAEN | PANAMA |
| PHILIPPINES | GWLAD PWYL |
| HONDURAS | VENEZUELA |

# 22 - Mitología

```
C  R  E  U  Y  M  D  D  Y  G  I  A  D  V  D
C  R  E  D  O  A  U  M  L  R  A  Z  T  J  K
H  C  C  Q  M  F  Y  A  W  H  T  R  X  D  A
Z  H  B  Q  E  E  Y  R  Z  Y  R  C  W  K  N
J  W  E  D  D  U  C  W  F  F  Y  T  T  R  G
L  E  D  N  D  F  R  O  C  E  C  C  D  D  H
D  D  L  E  W  O  Y  L  R  L  H  V  D  I  E
H  L  O  G  L  B  F  B  E  W  I  O  P  W  N
D  U  W  I  A  U  D  X  A  R  N  R  N  Y  F
D  L  R  F  I  E  E  Q  D  M  E  G  P  L  I
E  B  A  N  D  V  R  U  U  T  B  X  T  L  L
O  E  F  E  H  T  N  I  R  Y  B  A  L  I  Y
F  E  N  C  D  N  P  O  Q  Z  R  A  L  A  E
E  Y  A  K  V  B  W  S  B  A  O  U  E  N  R
N  J  M  B  O  T  B  Q  C  B  T  K  M  T  K
```

| | |
|---|---|
| CENFIGEN | RHYFELWR |
| NEFOEDD | ARWR |
| YMDDYGIAD | ANFARWOLDEB |
| CREU | LABYRINTH |
| CREDOAU | CHWEDL |
| CREADUR | ANGHENFIL |
| DIWYLLIANT | MARWOL |
| DUWIAU | MELLT |
| TRYCHINEB | MEDDWL |
| CRYFDER | DIAL |

# 23 - Ecología

```
C  P  I  N  N  V  X  H  D  W  I  H  P  M  H
Z  Y  V  N  O  I  G  I  H  N  A  L  P  Y  V
I  O  N  L  P  M  E  N  E  B  J  L  D  N  R
I  U  E  E  J  Z  L  S  A  K  Y  O  X  Y  F
W  W  G  D  F  H  R  A  N  E  W  U  V  D  X
F  L  O  R  A  I  C  W  W  C  D  U  Z  D  Y
N  N  U  E  W  S  N  D  A  Y  A  Y  N  O  G
A  A  I  D  E  E  N  D  F  M  I  Y  B  E  O
T  T  P  H  T  O  O  M  F  U  L  H  L  D  R
U  U  W  C  R  R  B  Q  E  N  A  D  T  D  S
R  R  U  Y  N  O  S  O  H  E  N  K  X  I  Z
N  I  X  S  P  G  H  H  M  D  Y  K  D  D  Q
W  O  M  O  R  O  L  Y  X  A  C  K  S  C  E
Q  L  H  D  H  W  S  R  B  U  Q  Z  O  Z  J
R  H  Y  W  O  G  A  E  T  H  A  U  H  Q  A
```

HINSAWDD
CYMUNEDAU
RHYWOGAETHAU
FFAWNA
FLORA
BYD-EANG
CYNEFIN
MOROL

MYNYDDOEDD
NATURIOL
NATUR
GORS
PLANHIGION
SYCHDER
CYNALIADWY
GOROESI

# 24 - Casa

```
C Y S T A F E L L W E L Y L L
R E Z E D R W N L O A G X T L
R J G U R R N R L G L Y N V Y
I E A I X F E O A S K K D D F
B R Z N N Y L P W J T Q R X R
L A M P F B X V R I Q B W V G
V G N I E D X C T O A Q S T E
S I A B A N A D L T Q S P C L
E T A N K N H F E O R N X A L
W A Y F S L M K Y D Z S K W G
A A H A Y I T I H B L I V O A
Y F L U B S E K S N E F F D R
J I H C Y R D K Q Y M X P G D
W X A E F F E N E S T R S S D
K Y J T J I I S L A W R M O I
```

RUG
ATIG
LLYFRGELL
SIMNAI
CEGIN
YSTAFELL WELY
CAWOD
BANADL
DRYCH
GAREJ

FAUCET
GARDD
LAMP
WAL
LLAWR
DRWS
ISLAWR
TO
FFENS
FFENESTR

# 25 - Salud y Bienestar #2

```
D X W J H C A I N N Y W T P A
U E S A R J S N U K H G Y X L
B N I M A T I F A H P F L J E
C J G E T E N E G T I J I E R
P A G O T D N P W E O N N V G
W B L H A I N T A A Y M O O E
Y I M O N T D Y E M S F E J D
S F M X R M Y Z D Y B N B G D
A Z T E H I R O T Q Y G W R A
U C L E F Y D P M O T J U Z I
S T R A E N P P Y N Y L D G L
G D U H Y L E N D I D W U N U
A R C H W A E T H P J G V O E
X N C K X L Y A D F E R R S R
R T W K J Z L H O H E C X E T
```

| | |
|---|---|
| ALERGEDD | HYLENDID |
| ANATOMEG | YSBYTY |
| ARCHWAETH | HAINT |
| CALORI | TYLINO |
| DEIET | MAETH |
| TREULIAD | PWYSAU |
| YNNI | ADFER |
| CLEFYD | IACH |
| STRAEN | GWAED |
| GENETEG | FITAMIN |

# 26 - Selva Tropical

```
M  B  K  S  E  R  J  A  A  H  C  R  A  P  L
M  W  I  G  C  P  C  D  D  Q  G  H  N  C  L
A  F  S  L  U  Y  A  A  F  G  J  Y  M  Y  O
M  S  E  O  F  K  M  R  E  E  V  W  O  M  C
A  F  O  G  G  F  M  Y  R  R  G  O  L  U  H
L  D  R  E  A  L  R  U  L  G  B  G  A  N  E
I  T  O  N  L  M  L  J  L  A  O  A  I  E  S
A  Z  G  A  D  E  F  Y  R  P  U  E  L  D  Y
I  R  U  T  A  N  E  F  M  G  K  T  G  E  Q
D  H  G  O  N  J  O  D  I  N  E  H  N  Y  C
J  P  M  B  B  Y  B  O  W  B  C  A  Y  P  G
A  M  R  Y  W  I  A  E  T  H  I  U  J  M  K
H  I  N  S  A  W  D  D  G  K  C  A  W  L  E
C  A  D  W  R  A  E  T  H  T  V  W  I  R  C
G  W  E  R  T  H  F  A  W  R  G  C  Y  D  J
```

| | |
|---|---|
| AMFFIBIAID | NATUR |
| BOTANEGOL | CYMYLAU |
| HINSAWDD | ADAR |
| CYMUNED | CADWRAETH |
| AMRYWIAETH | LLOCHES |
| RHYWOGAETHAU | PARCH |
| CYNHENID | ADFER |
| PRYFED | JYNGL |
| MAMALIAID | GOROESI |
| MWSOGL | GWERTHFAWR |

# 27 - Colores

```
N  D  G  W  Y  R  D  D  D  I  O  V  B  E  L
M  E  L  Y  N  O  Y  O  D  N  C  V  V  M  X
X  S  F  C  Y  R  W  P  C  D  U  D  U  G  Z
L  Z  G  S  W  K  L  A  Z  I  Q  U  I  K  P
T  S  C  V  G  V  L  S  Y  G  L  Z  P  J  Y
U  V  Q  G  A  S  U  R  P  O  L  V  Y  J  X
B  N  W  R  I  L  R  X  O  E  W  P  F  H  H
D  M  A  G  E  N  T  A  R  Y  Y  I  S  Z  C
E  Y  E  T  T  V  R  P  F  I  D  N  E  R  O
L  T  F  E  H  B  F  F  F  Y  F  C  Y  W  C
O  A  S  W  Z  Y  R  O  O  D  E  I  E  I  W
I  S  M  E  Y  O  M  O  R  D  L  G  L  A  S
F  Y  M  C  P  R  G  O  W  K  Y  U  X  V  E
T  P  F  F  K  I  B  U  W  N  N  J  Q  X  U
Q  P  W  X  G  S  A  L  D  D  R  Y  W  G  W
```

| | |
|---|---|
| MELYN | BROWN |
| GLAS | OREN |
| ASUR | DU |
| LLWYDFELYN | PORFFOR |
| GWYN | COCH |
| GWYRDDLAS | PINC |
| DYFWYR | SEPIA |
| LLWYD | GWYRDD |
| INDIGO | FIOLED |
| MAGENTA | |

# 28 - Adjetivos #1

```
C  K  R  A  I  F  A  N  C  X  I  T  A  E  M
P  C  I  L  R  A  H  C  A  L  L  R  B  S  X
W  T  S  O  G  A  I  O  W  B  T  W  S  B  Y
J  S  D  D  F  R  F  C  Z  P  S  M  O  V  M
U  C  H  E  L  G  E  I  S  I  O  L  L  V  D
G  V  T  R  W  A  M  P  F  J  D  T  I  O  E
W  A  I  H  A  I  P  W  S  I  G  W  H  N
E  Y  A  T  H  V  N  C  V  B  K  C  T  D  I
R  O  F  I  Y  A  T  I  Z  B  L  S  L  I  A
T  F  F  E  X  G  E  Q  D  Q  R  Q  S  F  D
H  R  R  W  E  H  O  L  L  Y  W  Y  T  R  O
F  C  E  G  I  T  A  M  O  R  A  A  S  I  L
A  K  P  O  N  E  S  T  W  J  F  C  T  F  M
W  M  O  D  E  R  N  Y  E  R  N  B  W  O  A
R  P  F  D  W  A  A  T  L  B  E  S  O  L  C
```

| | |
|---|---|
| ABSOLIWT | PWYSIG |
| GWEITHREDOL | DINIWED |
| UCHELGEISIOL | IFANC |
| AROMATIG | ARAF |
| DENIADOL | MODERN |
| LLACHAR | TYWYLL |
| ENFAWR | PERFFAITH |
| HAEL | TRWM |
| MAWR | DIFRIFOL |
| ONEST | GWERTHFAWR |

# 29 - Familia

```
P V J T A D F P C B N B A P O
A L T R S B D L D H E D J L J
U C E V K N C E Z T W I B A X
S Z W N G Ŵ R N I I T A Q N O
C P Q I T B E T C N T C E T H
T A D A T Y D Y M E R C H R Y
U C X N R R N N S O Y E O H N
P W D P R D F D F L Ŵ J A T A
P N C K K O E I O A A A H Y F
U F O N U M C A E D M L L W I
G W R A I G V T Q W R T O E A
O B E P P A G X L A M A F L D
E K O N R D A N O R X G L W U
N M A M A U J P C B I B U G K
Y I T G H Y I G N A I Y E T G
```

| | |
|---|---|
| NAIN | MAMAU |
| TAID | WŶR |
| HYNAFIAD | PLENTYN |
| GWRAIG | PLANT |
| CHWAER | TAD |
| BRAWD | CEFNDER |
| MERCH | NITH |
| PLENTYNDOD | NAI |
| FAM | MODRYB |
| GŴR | EWYTHR |

# 30 - Disciplinas Científicas

```
H  T  E  A  I  D  D  Y  R  E  S  B  C  Z  W
Z  E  N  M  W  J  R  Y  J  X  E  I  V  L  A
Q  S  Y  G  E  R  A  E  A  D  I  O  M  M  R
O  L  H  R  E  C  C  G  P  R  C  C  E  Y  C
B  I  O  L  E  G  A  E  A  C  O  E  T  L  H
E  C  O  L  E  G  Z  N  N  X  L  M  E  M  A
Y  P  Y  K  J  L  F  R  E  I  E  E  O  A  E
I  M  I  W  N  O  L  E  G  G  G  R  E  O
F  F  I  S  I  O  L  E  G  O  Y  A  O  T  L
K  O  B  N  G  E  U  E  I  S  Y  L  L  H  E
M  W  Y  N  G  L  A  W  D  D  W  B  E  W  G
C  Y  M  D  E  I  T  H  A  S  E  G  G  Y  E
I  E  I  T  H  Y  D  D  I  A  E  T  H  T  M
X  U  Z  S  S  O  N  I  W  R  O  L  E  G  E
X  G  Z  A  N  A  T  O  M  E  G  C  K  D  C
```

ANATOMEG            IEITHYDDIAETH
ARCHAEOLEG          MECANEG
SERYDDIAETH         METEOROLEG
BIOLEG              MWYNGLAWDD
BIOCEMEG            NIWROLEG
LLYSIEUEG           MAETH
ECOLEG              SEICOLEG
FFISIOLEG           CEMEG
DAEAREG             CYMDEITHASEG
IMIWNOLEG

# 31 - Cocina

```
R  A  J  Z  Z  C  W  A  N  R  G  O  C  R  L
E  H  B  Q  P  H  D  S  C  Y  O  E  H  E  O
U  X  E  X  E  R  A  Z  W  S  L  R  O  L  T
F  D  Y  W  B  O  W  L  P  Á  L  G  P  N  T
U  J  H  P  G  C  T  J  A  I  W  E  S  F  R
B  W  X  R  A  E  E  R  N  T  Y  L  T  F  M
S  G  N  B  Z  K  L  X  A  P  A  L  I  E  C
N  W  Q  U  L  D  L  L  U  N  U  X  C  D  Y
A  P  H  X  N  M  N  W  W  Y  O  I  K  O  L
P  F  O  G  R  I  L  K  J  G  D  D  S  G  L
C  F  Q  P  J  U  K  X  Y  R  D  L  D  C  Y
Y  Y  M  G  T  T  E  G  E  L  L  F  S  I  L
N  R  K  F  S  Y  S  I  E  B  S  S  G  Q  L
S  C  O  O  C  E  D  N  H  A  I  A  Q  K  J
F  G  Q  L  Z  B  G  W  M  B  S  E  C  E  P
```

| | |
|---|---|
| TEGELL | JWG |
| BWYD | CHOPSTICKS |
| RHEWGELL | GRIL |
| LLWYAU | RYSÁIT |
| LLETWAD | OERGELL |
| CYLLYLL | NAPCYN |
| FFEDOG | JAR |
| SBEISYS | CWPANAU |
| NODDI | BOWL |
| POPTY | FFYRC |

# 32 - Moda

```
G V F V A S P W K Q T E Z P Y
Y B O T Y M A U V N B G C K M
Q W H B C M G E M G T Z L S A
U A D A I R U S E M U H J S R
H T I A W D O R B I E C A L F
Y Q N N I A C D M L D Z K D E
G W R E I D D I O L D I M U R
S V E D R U D P A T R W M P O
O R D X M B X R G W E A D A L
W L O A A H W Z O D Q J G S K
A Z M P V Y K D Y F A I E L L
B O U T I Q U E D G F S Y B F
D A T F D I L L A D P Y I F K
C Y M E D R O L D D W M A A K
A R D D U L L Z G S U L F G I
```

| | |
|---|---|
| FFORDDIADWY | MODERN |
| BRODWAITH | CYMEDROL |
| BOTYMAU | GWREIDDIOL |
| BOUTIQUE | PATRWM |
| DRUD | YMARFEROL |
| CAIN | DILLAD |
| LACE | SYML |
| ARDDULL | TUEDD |
| MESURIADAU | GWEAD |
| LLEIAF | |

# 33 - Electricidad

```
T  I  J  D  I  K  O  J  D  G  C  L  U  V  Z
E  W  V  C  U  A  R  F  I  W  G  A  K  C  K
L  O  O  P  G  B  X  Z  F  E  D  S  W  I  M
E  W  Z  D  F  Z  B  Q  K  E  U  E  O  C  N
D  P  A  J  B  S  L  A  H  B  R  R  Z  T  E
U  K  I  Z  W  Z  O  H  T  E  N  G  A  M  G
L  B  E  C  L  L  A  O  I  R  O  T  S  D  Y
A  A  E  I  B  C  H  H  A  U  I  Q  F  R  D
K  Z  M  M  G  U  N  C  W  D  E  C  O  S  D
G  P  V  P  J  T  R  H  D  A  F  F  Ô  N  O
V  L  I  R  W  N  A  D  Y  R  T  Y  E  V  L
T  R  Y  D  A  N  D  J  W  E  N  L  J  H  F
K  M  G  D  K  O  A  Y  H  N  I  Y  J  J  Y
Y  Z  X  P  D  P  C  K  R  E  A  L  Z  W  G
A  D  X  V  B  S  H  K  E  G  M  S  N  S  N
```

| | |
|---|---|
| STORIO | GENERADUR |
| BATRI | MAGNET |
| BWLB | LAMP |
| CEBL | LASER |
| GWIFRAU | NEGYDDOL |
| MAINT | CADARNHAOL |
| TRYDANWR | RHWYDWAITH |
| TRYDAN | TELEDU |
| SOCED | FFÔN |
| OFFER | |

# 34 - Salud y Bienestar #1

```
S  C  M  P  D  P  T  U  U  H  G  N  F  F  W
U  I  F  T  T  Y  H  I  A  F  W  E  Z  F  L
A  E  N  P  U  N  E  O  R  C  R  W  H  E  T
A  R  F  E  R  I  R  N  Y  O  I  Y  S  R  L
A  I  R  E  T  C  A  B  H  D  S  N  U  Y  G
S  H  S  C  J  C  P  P  Y  D  S  G  J  L  W
C  L  I  N  I  G  I  A  C  C  D  J  O  L  E
Y  M  L  A  C  I  O  M  U  F  O  N  D  F  I
J  N  R  Y  G  S  E  E  H  C  Y  W  U  A  T
E  R  G  K  W  L  L  D  C  B  H  I  X  U  H
G  J  H  F  G  T  Z  D  M  Q  R  D  Q  S  R
A  T  G  Y  R  C  H  Y  X  J  A  U  E  Z  E
C  G  M  I  T  D  N  G  R  T  J  N  R  R  D
M  E  D  D  Y  G  A  E  T  H  J  J  I  I  O
N  E  R  F  A  U  H  O  R  M  O  N  A  U  L
```

GWEITHREDOL
UCHDER
BACTERIA
CLINIG
MEDDYG
FFERYLLFA
TWYLL
NEWYN
ARFER
HORMONAU

ESGYRN
MEDDYGAETH
CYHYRAU
NERFAU
CROEN
OSGO
ATGYRCH
YMLACIO
THERAPI

# 35 - Adjetivos #2

```
C R B F C Y F R I F O L M R N
D R O Q F I A C H B X C J R A
I T E D L R U M J M Z M L N T
D M N A O L E B K Z C I A M U
D C E F D O Q S T E I P W W R
O A W D A I S B E I S L Y D I
R I Y N I H G I T A M A R D O
O N D H F C O O T H C L A F L
L H D C I R W X L C N R X P F
O I Z H R Y N D L H N Q Y G N
S S H O G H E C A R J I E F E
Y H K C S N X T H D R H T O R
C A E B I Y W D A T Y W B F U
H Y N F D C K K A R F E R O L
F L I N E D I G M Z W Y Z L F
```

FLINEDIG  
BWYTADWY  
CREADIGOL  
DISGRIFIADOL  
DRAMATIG  
CAIN  
ENWOG  
FFRES  
CRYF  
DIDDOROL  

NATURIOL  
ARFEROL  
NEWYDD  
FALCH  
SBEISLYD  
CYNHYRCHIOL  
CYFRIFOL  
HALLT  
IACH  
SYCH

# 36 - Cuerpo Humano

```
A  Z  B  F  J  L  G  E  G  T  L  D  X  A  X
X  B  G  O  Y  L  I  W  P  V  B  Y  S  C  M
D  E  D  O  F  A  T  S  D  E  A  W  G  I  Q
O  P  X  O  W  W  J  D  R  D  A  G  Y  L  L
H  A  N  B  H  R  Z  O  J  D  F  P  L  B  Q
C  G  L  E  Z  P  Q  X  T  Y  R  E  E  Z  X
Y  Y  E  M  B  C  T  H  R  N  Ê  C  J  N  M
L  X  Y  Q  S  C  O  M  W  N  F  L  K  L  O
U  S  D  N  R  B  P  P  Y  E  F  U  D  I  M
G  H  A  Y  H  D  E  E  N  M  Q  S  H  T  P
A  A  K  R  G  H  N  G  R  Y  F  T  A  E  R
H  M  L  T  X  W  G  C  O  E  S  Q  K  L  B
L  K  Q  O  G  H  L  W  Y  N  E  B  U  V  U
W  S  K  R  N  O  I  Y  S  G  W  Y  D  D  P
C  R  O  E  N  L  N  P  E  N  E  L  I  N  P
```

| | |
|---|---|
| ÊN | TAFOD |
| GEG | LLAW |
| PEN | TRWYN |
| WYNEB | LLYGAD |
| YMENNYDD | CLUST |
| PENELIN | CROEN |
| GALON | COES |
| GWDDF | PEN-GLIN |
| BYS | GWAED |
| YSGWYDD | FFÊR |

# 37 - Calentamiento Global

```
G W Y D D O N Y D D W L N S D
S W P W U C Y C S D K P F S E
Q Y K V N C T F K H A S T D D
C A N L Y N I A D A U T N Y D
P O B L O G A E T H A U A F F
P W L P O O P M J H C G I O W
H T E A R D O W Y L L Y D D R
X H V A S D A D F G E L Y O I
I U K N S W A L M F U B W L A
N A W R O A V J W K Q T I I E
N V L S N S T B P G Q A D X T
Y Z Y M W N F F Y N N D U T H
U M S B G I T C R A N Y C W P
L O D D E H C L Y G M A H T T
I E K Z R A R G Y F W N G R N
```

NAWR

AMGYLCHEDDOL

SYLW

ARCTIG

GWYDDONYDD

HINSAWDD

CANLYNIADAU

ARGYFWNG

DATA

DATBLYGU

YNNI

DYFODOL

NWY

LLYWODRAETH

DIWYDIANT

RHYNGWLADOL

DEDDFWRIAETH

POBLOGAETHAU

# 38 - Ciencia

```
L H I N S A W D D X P W T G E
A U A N N Y N O R G E S I F F
B A D I S G Y R C H I A N T W
O L T A V X N P T D U L R C A
R W V O G W Y D D O N Y D D R
D I U M M V B Z F R P N D I B
Y C I J I Y D X L F Z Y C N R
B E N A G R O R K L O K W Y A
Y L U Y H M W Y N A U S M Z F
N O I G I H N A L P T D I O F
L M R R P W Q Q L S R Q E L A
E S B L Y G I A D X U J D C I
D D A M C A N I A E T H A R T
C E M E G O L K C O A W T Q H
K O B N Z S M O R Y N X A H Z
```

| | |
|---|---|
| ATOM | DDAMCANIAETH |
| GWYDDONYDD | LABORDY |
| HINSAWDD | DULL |
| DATA | MWYNAU |
| ESBLYGIAD | MOLECIWLAU |
| ARBRAWF | NATUR |
| FFISEG | ORGANEB |
| FFOSIL | GRONYNNAU |
| DISGYRCHIANT | PLANHIGION |
| FFAITH | CEMEGOL |

# 39 - Profesiones #1

```
G Y D D E M N C V I Q H R H L
B O F Z D D Y M E G O P W E L
B D L M M B R M Q R B I D L Y
I R V Y H F S X X W D Y D W S
W W N C G Z A K W G D D R Y G
E I M R C Y O C L E Y S O R E
K H L T W M D V L R G E F R N
P T L Y E U A D J A E R F W N
A I B A N C I W R E L Y Y I A
G E A P L Y M W R A O D H S D
Y R L N D Z X P Z D C D L N P
L F J R Y L G C G I I W R W P
A Y M G M D R X Z U E R H A S
S C G Z X W D E K T S P O D B
D I F F O D D W R T Â N J V C
```

CYFREITHIWR
SERYDDWR
DAWNSIWR
BANCIWR
DIFFODDWR TÂN
HELWYR
MEDDYG
GOLYGYDD
LLYSGENNAD

NYRS
HYFFORDDWR
PLYMWR
DAEAREGWR
GEMYDD
CERDDOR
PIANYDD
SEICOLEGYDD

# 40 - Vehículos

```
I  R  W  T  T  O  M  G  X  Z  X  Z  A  F  T
F  A  O  J  P  S  C  M  L  L  Z  G  Z  M  W
K  C  B  C  N  K  F  N  C  W  M  I  G  L  P
V  N  T  W  E  T  P  E  M  C  L  L  U  C  N
U  P  K  T  S  D  C  Z  G  O  T  I  D  T  A
T  L  L  O  N  N  E  W  G  I  R  T  D  T  E
N  A  R  B  M  Ê  N  L  C  K  A  I  R  O  L
A  R  O  C  J  R  A  R  H  H  C  R  O  J  L
F  F  E  R  I  T  W  U  A  W  T  I  F  I  P
A  C  F  W  S  B  E  I  C  K  O  O  F  V  K
R  T  F  M  C  C  G  E  L  Q  R  N  S  B  Z
A  X  H  P  A  M  O  D  U  R  L  H  I  O  W
C  B  Y  Z  T  H  O  F  R  E  N  N  Y  D  D
L  L  O  N  G  D  A  N  F  O  R  A  X  I  K
A  W  Y  R  E  N  A  M  B  I  W  L  A  N  S
```

| | |
|---|---|
| AMBIWLANS | FFERI |
| BWS | HOFRENNYDD |
| AWYREN | GWENNOL |
| LLU | ISFFORDD |
| CWCH | MODUR |
| BEIC | TIRION |
| LORI | LLONG DANFOR |
| CARAFAN | TACSI |
| CAR | TRACTOR |
| ROCED | TRÊN |

# 41 - Geometría

```
H  L  C  V  X  V  N  T  O  Z  A  F  W  C  M
A  L  Y  U  V  E  G  H  V  N  Z  I  L  Y  À
F  F  M  I  K  O  O  E  Z  Y  G  R  L  F  S
A  D  E  N  I  L  M  O  R  G  H  L  L  O  H
L  A  S  W  B  R  Y  R  A  Z  V  O  O  C  A
I  I  U  W  N  G  R  I  B  H  T  N  R  H  T
A  F  R  S  E  G  M  E  N  T  W  A  W  R  R
D  I  E  R  W  Y  N  E  B  D  W  C  E  O  I
V  R  D  X  H  P  X  A  F  M  U  R  D  G  O
A  F  D  X  O  E  N  X  M  I  C  U  D  U  N
C  Y  F  R  A  N  S  B  U  T  H  Z  O  N  G
T  C  O  V  X  V  D  Y  Z  T  D  R  L  Q  L
D  I  A  M  E  D  R  Z  M  P  E  U  S  J  L
F  E  R  T  I  G  O  L  Y  E  R  C  H  M  Q
D  I  M  E  N  S  I  W  N  I  G  G  E  D  N
```

| | |
|---|---|
| UCHDER | CANOLRIF |
| ONGL | RHIF |
| CYFRIFIAD | CYFOCHROG |
| GROMLIN | CYFRAN |
| DIAMEDR | SEGMENT |
| DIMENSIWN | CYMESUREDD |
| HAFALIAD | WYNEB |
| LLORWEDDOL | THEORI |
| RHESYMEG | TRIONGL |
| MÀS | FERTIGOL |

# 42 - Vacaciones #2

```
M W R H C E F K A T M M U M M
T Ô E D E X R O M A R T L J W
Z A R F C X Y Z H J Z A L E E
E U Y T Y W B S E D M L E H H
P A W V N W S U U G T O B T S
G I A A D I R I O Y J M A Q H
L L S Y N Y Y W N I O Z P Y F
L Y E C Y C Y R C H F A N M I
U W A T A M T T H O O I Ê A S
N G M A K T S E J Y K K R P A
I Z C I N P E U J P Q V T Q H
A J U T Z L W Q H A M D D E N
U N K H V I G V T M V C P S I
P A S B O R T N A I D U L C L
G S P F W F D B D M B A N L P
```

| | |
|---|---|
| MAES AWYR | PASBORT |
| PABELL | TRAETH |
| CYRCHFAN | AMHEUON |
| TRAMOR | BWYTY |
| LLUNIAU | TACSI |
| GWESTY | CLUDIANT |
| YNYS | TRÊN |
| MAP | GWYLIAU |
| MÔR | TAITH |
| HAMDDEN | FISA |

# 43 - Baile

```
Z M J D M G S E T S M T O U E
Y M A R F E R V N G Y R Z K O
T F I M E D A C A W N A D C D
F R F L E C S P I E E D I C R
L X F C O R F F L G D W E H
O M A A S A R G L E I O Y M Y
R S R N R Y B W Y D A D L O T
U N G F E A M A W O N I L S H
S Z O O N I V U I L N A I I M
A I E G T Q D B D W O D A W H
L Q R W R U C I V I L O N N M
C B O U A J L G O B A L N U N
I T C K P L L A W E N D O O M
C E R D D O R I A E T H L I D
R W G K B G J M I B P R S M D
```

ACADEMI
LLAWEN
CELF
CLASUROL
COREOGRAFFI
CORFF
DIWYLLIANT
DIWYLLIANNOL
EMOSIWN
YMARFER

MYNEGIANNOL
GRAS
SYMUDIAD
CERDDORIAETH
OSGO
RHYTHM
NEIDIO
PARTNER
TRADDODIADOL
GWELEDOL

# 44 - Matemáticas

```
I  F  I  N  P  A  K  Q  Z  Z  H  T  P  F  C
L  U  G  W  O  M  S  W  I  D  A  R  E  F  Y
P  U  S  E  L  F  H  R  H  R  F  I  T  R  F
S  S  G  X  Y  E  C  N  W  H  A  O  R  A  O
H  W  W  S  G  M  M  F  I  L  N  Y  C  C
R  J  Â  E  O  U  B  W  B  F  I  G  A  S  H
T  J  R  U  N  R  P  Z  W  A  A  L  L  I  R
R  D  E  M  A  I  D  H  C  U  D  H  M  W  O
B  E  R  P  E  N  D  I  C  W  L  A  R  N  G
R  Y  D  M  H  G  E  R  T  E  M  O  E  G  O
Y  S  K  V  N  J  H  C  Y  F  R  O  L  E  N
Y  Q  Y  Y  L  J  C  R  E  V  V  F  D  W  G
S  M  A  R  G  O  L  E  L  A  R  A  P  N  L
O  Y  G  E  D  D  Y  F  I  H  R  B  R  I  A
D  E  G  O  L  X  C  P  Q  Z  T  V  D  K  U
```

RHIFYDDEG
ONGLAU
CYLCHEDD
SGWÂR
DEGOL
DIAMEDR
HAFALIAD
FFRACSIWN
GEOMETREG
RHIFAU

CYFOCHROG
PARALELOGRAM
AMFESUR
BERPENDICWLAR
POLYGON
RADIWS
PETRYAL
TRIONGL
CYFROL

# 45 - Profesiones #2

```
P X M A B V I G X U Y N L L B
K E F E T W E O D R M E L L I
G W I G D H V U Y W C W Y A O
R C T R H D R F Z I H Y F W L
W F C P I A Y O W S W D R F E
I T E Y L A R G V I I D G E G
T R T I K H N M D E L I E D Y
N K I J D I Y N D F Y A L D D
I J D O X U D B Y Y D D L Y D
E G A R D D W R N D D U Y G X
P E I L O T E L U E D R D J E
T J K H R J Z O L H L W D Q E
S H T K M I P E R W M R E F F
G O F O D W R S A Q O R P E J
D D Y T N I E D D Y H T I E I
```

FFERMWR           DYFEISIWR
GOFODWR           YMCHWILYDD
LLYFRGELLYDD      GARDDWR
BIOLEGYDD         IEITHYDD
LLAWFEDDYG        MEDDYG
DEINTYDD          NEWYDDIADURWR
DITECTIF          PEILOT
DARLUNYDD         PEINTIWR
PEIRIANNYDD       ATHRO

# 46 - Naturaleza

```
M Y N Y D D O E D D D U A C O
H V Y G L O N N A F O R T L E
E U L I W A D D N Q R T T O I
D H O U I B P V I B T O B G E
D C D N H O F F L L U C W F
Y W O F U N V M E F L W G Y I
C L F E F V X B I Y Y P I N H
H A N D D K I T L E W A T I A
L I A A Y W Y T I O G S C X R
O N H F Z N I K A C B Q R L D
N A G P N K A G I Q Y A A O D
G W E N Y N F M D T N S G O W
U A F O N Y Q L I A D K E G C
C Y M Y L A U O Z G S M Y G H
T T D R H E W L I F K T Q W R
```

| | |
|---|---|
| GWENYN | MYNYDDOEDD |
| CLOGWYNI | NIWL |
| ANIFEILIAID | CYMYLAU |
| ARCTIG | HEDDYCHLON |
| HARDDWCH | AFON |
| COEDWIG | GWYLLT |
| ANIALWCH | CYSEGR |
| DYNAMIG | TAWEL |
| DAIL | TROFANNOL |
| RHEWLIF | HANFODOL |

# 47 - Conduciendo

```
T N A I D U L C M L B B K U O
R U D O M G C S K C E R A C P
A D D Y W N A T D L J E R A G
F M I L Y S R U D O M C I E B
F A R O N O K L R Y W I N A C
I T O C G P E R Y G L A W P V
G R L Y F E T R W T L U Y W C
D W T F W H L Y Q M W X Q V O
T Y A L U E J W N A S N P S H
A D H Y K D F D C P D T N F H
U D B M G D N D J H J Z R E O
K E Y D G L I R A D C Q K Y L
J D B E E U T E N I A W M A D
L S X R G U D C J X U C T B V
L G X I W Q H F B M N U I J Q
```

| | |
|---|---|
| DAMWAIN | BEIC MODUR |
| STRYD | MODUR |
| LORI | CERDDWYR |
| CAR | PERYGL |
| TANWYDD | HEDDLU |
| BRECIAU | DIOGELWCH |
| GAREJ | CLUDIANT |
| NWY | TRAFFIG |
| TRWYDDED | TWNNEL |
| MAP | CYFLYMDER |

# 48 - Ballet

```
A C G C Y F A N S O D D W R C
R E I Y T E C H N E G D C O Y
T R D T N J I F W X N A C Q M
I D D W Y U K A I H P W W L E
S D I S K A L E S T R N S M R
T O E A L R L L R E O S E Y A
I R G M A Y U R E A J W X N D
G F S X B H D V W I F Y O E W
I A O L O Y D R G R D R Z G Y
T I G B W C R H U O D F O I A
Y S T U M L A Y N D E G A A E
H E F E F V R T A D S H D N T
Y M A R F E R H W R Y Z L N H
C L M F D F Z M D E W A O O J
O G J G P Z Z I U C D T Q L H
```

GOSGEIDDIG
CYMERADWYAETH
ARTISTIG
GYNULLEIDFA
DAWNSWYR
CYFANSODDWR
YMARFER
ARDDULL
MYNEGIANNOL

YSTUM
DWYSEDD
GWERSI
CYHYRAU
CERDDORIAETH
CERDDORFA
RHYTHM
UNAWD
TECHNEG

# 49 - Fuerza y Gravedad

```
M E C A N E G E E M Q G T O S
Z G Q N C P I F Y S O O D G I
A X S X C W N F U M U I L E A
V K Q W X Y N A Z G T O O S H
F J Y O U S Y I D Y N A M I G
C A N O L A C T M I A A J F K
A M E D D U F H A D I J H F Q
O A E O M D A G I A H Y W E O
P G C A I Z I T N G T U O L R
E N H P V C Q E T A I K T Q B
L E E P F O S G I O R N Z G I
L T L O N I D E R F F Y C Y T
T E P L A N E D A U F T Y Y N
E G D A R G A N F Y D D I A D
R E S M A C Y F L Y M D E R Z
```

CANOL
DARGANFYDDIAD
DYNAMIG
PELLTER
ECHEL
EHANGU
FFISEG
FFRITHIANT
EFFAITH
MAGNETEG

MAINT
MECANEG
CYNNIG
ORBIT
PLANEDAU
PWYSAU
EIDDO
AMSER
CYFFREDINOL
CYFLYMDER

# 50 - Aventura

```
K V B G W I B D A I T H F E G
G W H R D O D N Y S N P F O W
N S O U W E L F Y C N E R X E
T U D T B D W F F Q B R I Y I
W S Y A K L F R Z A N Y N D T
Q D L N U M K R D X A G D I H
C D O Z V A G L Y E I L I O G
C Y R C H F A N L D R U A G A
T W E K C P O E S Y E S U E R
E E F D W A Q L I M W D L L E
I N R D D R E R B A B I D W D
T L A J D A P E N H Q O O C D
H Y N G R T F S W I Z S D H X
I Q A U A O D M Q U F S G W E
O R Y X H I D A P K A E S D Q
```

| | |
|---|---|
| GWEITHGAREDD | LLYWIO |
| FFRINDIAU | NEWYDD |
| HARDDWCH | CYFLE |
| CYRCHFAN | PERYGLUS |
| BRWDFRYDEDD | PARATOI |
| GWIBDAITH | DIOGELWCH |
| ANARFEROL | SYNDOD |
| AMSERLEN | DEWRDER |
| NATUR | TEITHIO |

# 51 - Pájaros

```
E Z H U G P P O O X Y Q X M N
M F Q T G M E G O G X R C T M
P A R O T I C N C O L O M E N
A L A R C H Y I G O B E H P Y
G I D C L U W M H W R V N B R
K W C J O N I A W X I G M C E
D D Y Ŵ G L Â L Y B S N Z P D
W V R L K P R F A R U F B P A
C D F D A D A F D S Y R T S E
V T F M V N I B E P D Â R S K
P E L I C A N V N A V N P W Y
D T E U Y L O D A Y R D I I B
Y D R Y Ë R C E C C O F R J A
S T Y G W B I P W Z G P W U W
O E R V Y P C Z T M K T H O N
```

| | |
|---|---|
| ESTRYS | ADERYN |
| ERYR | HEBOG |
| CICONIA | WY |
| ALARCH | PAROT |
| GOG | COLOMEN |
| FRÂN | HWYADEN |
| FFLAMINGO | PELICAN |
| GŴYDD | PENGWIN |
| CRËYR | CYW IÂR |
| GWYLAN | TWCAN |

# 52 - Geografía

```
R  Z  C  G  H  Q  Y  D  Y  B  M  K  F  X  M
H  A  K  Y  V  G  N  I  W  B  Z  A  C  U  Y
A  T  X  P  F  X  Y  N  O  F  A  V  P  E  N
N  L  Q  N  G  A  S  A  C  L  B  M  I  M  Y
B  A  X  B  P  P  N  S  L  E  B  T  K  O  D
A  S  H  V  J  B  W  D  D  D  A  L  W  G  D
R  G  O  G  L  E  D  D  I  E  M  Ô  R  X  H
T  X  J  N  I  W  E  L  L  R  O  G  E  L  Y
H  P  C  N  H  I  Z  T  R  D  G  B  D  D  D
H  E  M  I  S  F  F  E  R  E  I  G  H  P  R
D  T  R  D  G  M  S  K  N  L  X  I  C  Q  E
M  E  R  I  D  I  A  N  I  L  K  K  U  V  D
N  T  I  R  I  O  G  A  E  T  H  U  X  E  Y
G  T  M  U  B  A  Q  B  L  F  F  T  A  F  U
Q  C  Q  Y  W  K  K  Q  E  S  X  D  Y  W  E
```

| | |
|---|---|
| UCHDER | MERIDIAN |
| ATLAS | MYNYDD |
| DINAS | BYD |
| CYFANDIR | GOGLEDD |
| HEMISFFER | GORLLEWIN |
| YNYS | GWLAD |
| LLEDRED | RHANBARTH |
| HYDRED | AFON |
| MAP | DE |
| MÔR | TIRIOGAETH |

# 53 - Música

```
P  X  I  D  O  N  F  O  C  B  E  M  Q  C  C
Y  G  G  U  F  I  Z  P  C  U  F  E  N  E  L
R  J  Q  W  F  F  N  M  O  B  W  I  L  R  A
B  A  L  Y  E  R  D  E  R  A  O  C  O  D  S
G  Y  A  B  R  Y  H  T  W  L  P  R  N  D  U
Y  Q  R  N  Y  D  P  Y  S  E  E  O  O  O  R
L  G  F  F  N  V  S  H  T  D  R  F  D  R  O
A  T  X  M  Y  Q  R  N  I  H  A  F  D  O  L
H  L  N  T  R  F  C  A  N  U  M  O  R  L  S
R  B  A  R  L  L  Y  Y  O  R  W  N  A  C  S
B  B  T  W  A  U  T  R  M  S  B  D  B  A  X
H  A  R  M  O  N  I  G  R  T  L  R  S  X  O
C  E  R  D  D  O  R  S  A  L  A  A  B  O  I
L  L  E  I  S  I  O  L  H  P  Q  U  F  E  G
M  K  W  R  V  U  T  H  N  G  J  H  D  L  V
```

| | |
|---|---|
| HARMONI | OFFERYN |
| HARMONIG | ALAW |
| ALBWM | MEICROFFON |
| BALED | CERDDOROL |
| CANWR | CERDDOR |
| CANU | OPERA |
| CLASUROL | BARDDONOL |
| CORWS | RHYTHM |
| COFNODI | TEMPO |
| BYRFYFYR | LLEISIOL |

# 54 - Enfermedad

```
T C O N R R G G K A P A F A B
O H R G D L E W B U W L P P N
Y G B S M T N A X D U E B M F
A E R R N A E N D F F R O C T
M H I K L X T W I C A G S T G
P T M O K D I L L K G E L D B
W A L L E S G A M O R D N Y S
M P T T H E R A P I I D R H U
C O Z H A T E B O L M A Y C T
G R S W O J A N G I I U G E N
A W O N W G B W X C W R S I I
L I J N H U E B Z Z N V E S E
O N T R I N P N J M E I C A H
N G E D V G E N A J D A L O B
E T I F E D D O L U D E A C X
```

ACIWT
ALERGEDDAU
LLES
HEINTUS
GALON
CRONIG
CORFF
GWAN
GENETIG
ETIFEDDOL

ESGYRN
LLID
IMIWNEDD
NIWROPATHEG
PATHOGENAU
ATEBOL
IECHYD
SYNDROM
THERAPI

# 55 - Actividades

```
C E U F A O Z M P O T U C O H
L E U Q J Z G P Y X A O R D A
D O R E S E L P S W O O E W M
O I C A L M Y E G F I S F J D
M C D V M Z J S O U D P F S D
Z I U D K E G P T V D O T H E
U E H D O Q G U A Q R G A E N
G H D N A R K P O S A U U L X
G W N Ï O W D F E B G M J A T
G E M A U C N E D A R L L E N
U S T Q A E O S B N P M A T T
F E X X W L M O I A N L K L R
M D U K G F I E S O U A X T C
G W E I T H G A R E D D B R N
G W E R S Y L L A F H G V W E
```

GWEITHGAREDD
CELF
CREFFTAU
DAWNSIO
GWERSYLLA
HELA
CERAMEG
GWNÏO
DIDDORDEBAU
GARDDIO

GEMAU
DARLLEN
HUD
HAMDDEN
PYSGOTA
PLESER
YMLACIO
POSAU
HEICIO
GWAU

# 56 - Verduras

```
G A R L L E G M G Z Q M B L E
P Y S L E V K I A F B O R C S
K R A D I S H N Z I J R O W I
V O E C L J C O D E P O C Q N
J L C Z S E R L S P N N O G S
E M W T R L A E T Z W L L O I
S G D I E D D W Z T K M I N R
W O G K P K A Y U O H Z P F W
L I S P R M M D U M O C J E G
S S T I L D C D N A S F Q C N
E I S W T A T K I T G A L E U
L T H Q X L N W O O X L E A Q
E R Y W V A V T N P E J Y Q T
R A L R V S Y L G O G I B S T
I C I W C Y M B R L C W R Y G
```

GARLLEG          SINSIR
ARTISIOG         MAIP
SELERI           OLEWYDD
EGGPLANT         TATWS
BROCOLI          CIWCYMBR
PWMPEN           PERSLI
UNION            RADISH
SALAD            MADARCH
SBIGOGLYS        TOMATO
PYS              MORON

# 57 - Astronomía

```
M R A E M M U T N D G T A N E
E R G M L F Q Z J D O E S X J
T X C Y L N Z L M A F L T U S
E S W P O U G B V E O E E P E
O Q K H E P A A W A D S R A R
R J X B R Y W A L R W G O R Y
D Z T F E S T U D A R O I S D
V M B F N Z J N W I E P D Y D
E C L I P S E E E C G T V L W
L L E U A D Q U Q B H Z H L R
C M C Y T S E R U G L N Q F Q
Z P C O S M O S I T U A O A K
R O C E D J O N N R V R N F V
B Y D Y S A W D O A H P P E A
E G Y Q J A E N X A W E A Q D
```

ASTEROID
GOFODWR
SERYDDWR
AWYR
ROCED
CYTSER
COSMOS
ECLIPSE
EQUINOX
GALAETH

LLEUAD
METEOR
ARSYLLFA
BLANED
LLOEREN
UWCHNOFA
TELESGOP
DDAEAR
BYDYSAWD

# 58 - Tiempo

```
O K T C G Y I J P L N U X M Q
B L Y N Y D D O L S Y L W I O
I E T Y K M W C V O I Z M S D
K I T N A V E T G N P S X S H
W L C H Q D R I P H J W W I U
S H D W J Q W U A T V D X O D
D Y F O D O L M I Y Y Q U M D
B L W Y D D Y N R W A W R G Y
H G N O S W N Y C O L C C Z D
T E T W P A L A C A L E N D R
D A D U T G X C W M U N U D E
Q D X D S E D J E R O B F I N
L T O M I D K Z N D Y D D Q N
G D I E L W F X U D P S J P A
B S T G S I C A N R I F V T H
```

NAWR
CYN
BLYNYDDOL
BLWYDDYN
DDOE
CALENDR
DEGAWD
DYDD
DYFODOL
AWR

HEDDIW
BORE
HANNER DYDD
MIS
MUNUD
SYLW
NOS
CLOC
WYTHNOS
CANRIF

# 59 - Paisajes

```
A R D N U T M Y N Y D D M W P
A N Y J B P R D A E A H R X E
O Â I D D Y N Y M B D V Z D N
M G B A O I L E G B E B A R R
G Q O L L K C K V W K R Ô M H
S R F F L W G Z A L B E Q A Y
Q I J A U U C I Q L H S F F N
W E R D D O N H S Y N Y Q O Y
J W J X E I R T R N Q E H N R
R H E W L I F E O U C G J A F
V S J E Z H Q A G L S N D J F
X C O O J V A R R O Z J T G Y
A I N L F T D T H N R H P G D
L L O S G F Y N Y D D X V B S
F Y U Z A O N I D U A N U W L
```

| | |
|---|---|
| RHAEADR | MÔR |
| OGOF | MYNYDD |
| ANIALWCH | WERDDON |
| ABER | GORS |
| GEYSER | PENRHYN |
| RHEWLIF | TRAETH |
| GWLFF | AFON |
| MYNYDD IÂ | TUNDRA |
| YNYS | DYFFRYN |
| LLYN | LLOSGFYNYDD |

# 60 - Días y Meses

```
D L H E D Y D D M A W R T H T
Y K R B V A H M E K D T S W A
D F E R D Y H F D O F D D P C
D G H I W H U W P I G Y Y G H
S O C L U A I D D Y D D D F W
A R R L W R N K Z E Z D D F E
D F E E Y W R O P F S S L N D
W F M F T T C V I P T U L S D
R E D Q H W O H W I H L U Q K
N D W N P X M W S G L N N F
E N Y D O I F E M E M Q R R N
I A D H S W O D N I F E H E M
Y F E V V O H I M N S R X Q K
I C A L E N D R P W D C O S F
B L W Y D D Y N Z G V E O R U
```

EBRILL
AWST
BLWYDDYN
CALENDR
DYDD SUL
IONAWR
CHWEFROR
DYDD IAU
GORFFENNAF
MEHEFIN

DYDD LLUN
DYDD MAWRTH
MIS
DYDD MERCHER
TACHWEDD
HYDREF
DYDD SADWRN
WYTHNOS
MEDI

# 61 - Biología

```
R O B C T C A K X I X A L Y S
O H C I M G N Z T C S I H M Y
V F R E N N A P P O Q R H L N
U S O C O K T X M L L E C U A
Z I M P M G O S A A O T S S P
E S O Y R B M E M G T C U G S
K O S B O F E R A E T A N I E
K I O I H D G Y L N B B H A V
H B M C H X A N I W R O N I O
V M G P E S B L Y G I A D D Z
M Y S N E N O I G I H N A L P
O S M O S I S K Y I Z R K P N
N A T U R I O L K C E T Z Q F
P R O T E I N C C L D R F E Z
E H P N K P H Q M G S W T C N
```

ANATOMEG
BACTERIA
CELL
COLAGEN
CROMOSOM
EMBRYO
ENSYM
ESBLYGIAD
HORMON
MAMAL

TREIGLAD
NATURIOL
NERF
NIWRON
OSMOSIS
PLANHIGION
PROTEIN
YMLUSGIAID
SYMBIOSIS
SYNAPSE

# 62 - Jardinería

```
G  G  A  Z  B  I  X  S  L  H  H  P  N  G  Z
F  Z  M  F  L  X  Y  M  L  W  W  A  B  A  K
D  A  I  L  O  V  Z  E  E  H  Y  A  D  G  D
D  F  U  A  D  F  F  Z  I  T  B  R  K  A  L
W  S  U  T  Y  W  D  A  T  Y  W  B  G  B  U
A  X  L  Z  N  U  V  F  H  B  L  O  D  A  U
S  B  E  R  L  L  A  N  D  Y  S  J  T  G  E
N  E  G  S  O  T  I  G  E  K  T  G  Y  R  X
I  J  Y  E  H  Y  W  Y  R  O  G  S  M  F  S
H  W  I  O  N  D  A  I  T  M  T  P  H  P  N
Y  O  U  Z  N  U  Ŵ  I  P  Y  Z  I  O  R  J
J  Y  L  D  Q  D  Q  R  G  R  F  B  R  I  U
C  Y  N  H  W  Y  S  Y  D  D  G  E  O  D  W
D  Q  B  O  T  A  N  E  G  O  L  L  L  D  S
L  U  G  K  C  O  M  P  O  S  T  L  B  O  A
```

DŴR                        BLODAU
BOTANEGOL                  DAIL
HINSAWDD                   BERLLAN
BWYTADWY                   LLEITHDER
COMPOST                    PIBELL
CYNHWYSYDD                 TUSW
TYMHOROL                   HADAU
EGSOTIG                    BAW
BLODYN                     PRIDD

# 63 - Barbacoas

```
A S B H C G J P G V Z P G K P
L F A L M Y S O T A M O T H L
R Â I W Y C L I R G S E C A A
V U A I S Y L L T H A T I L N
S Y R T H I O N Y R R H N E T
Q C V V W O M P W L P T I N Q
L P P H L U R P P H L Y O A F
P U P U R A T I J S I W H V N
R L G B I D V V B G J R O D C
H U V E H A F T O I B F X T F
J E M M M L W W A D K F W O M
R T B L Y A G R B P N E W Y N
C Y S G Y S U P W U V L Q U D
F F R I N D I A U W L P B H W
C E R D D O R I A E T H J P Y
```

FFRINDIAU     CERDDORIAETH
POETH     PLANT
SYRTHION     GRIL
CINIO     PUPUR
CYLLYLL     CYW IÂR
SALADAU     HALEN
TEULU     SAWS
FFRWYTH     TOMATOS
NEWYN     HAF
GEMAU     LLYSIAU

# 64 - Ropa

```
N  R  C  S  I  A  C  E  D  K  D  J  P  U  N
D  E  L  H  C  I  E  R  B  Z  B  P  H  F  T
S  G  H  N  W  I  S  A  F  F  E  Y  E  J  Z
A  O  E  Q  X  Y  N  K  M  Y  S  P  T  Ô  C
N  D  A  M  T  H  S  Y  R  C  J  N  Z  C  F
D  E  D  Q  W  L  R  W  W  S  G  W  I  S  G
A  F  N  L  T  A  F  F  R  A  G  S  P  Y  K
L  F  A  B  T  C  I  Y  N  M  B  O  U  G  A
A  Z  B  H  V  N  S  T  N  A  P  L  I  E  X
U  B  O  Q  C  V  H  F  H  J  Y  B  O  R  R
X  A  D  V  Y  Q  X  D  L  Y  Q  E  Z  W  J
P  G  G  P  G  F  Z  Z  L  P  Z  X  L  G  S
V  O  C  U  L  Z  I  C  V  K  O  T  N  R  X
M  E  N  I  G  L  U  B  H  F  T  J  G  Q  L
E  S  G  I  D  A  T  S  G  E  R  T  G  L  X
```

| | |
|---|---|
| CÔT | GEMWAITH |
| BLOWS | FFASIWN |
| SGARFF | PANTS |
| CRYS | PYJAMAS |
| SIACED | BREICHLED |
| GWREGYS | SANDALAU |
| ADNABOD | HET |
| FFEDOG | CHWYSWR |
| SGERT | GWISG |
| MENIG | ESGID |

# 65 - Meditación

```
D C H O C Y R G Z W B B D H A
I A A U E C J Y A G O C E A N
O R P L R E D R U L G E R R I
L E U Y D R A S H R S A B M B
C D S Q D F I X A Z O U Y E T
H I R A O H D V X F J R N D K
G G W N R Z U R C K B B D D Z
A R Y A I B M D H N U W H W I
R W D D A X Y B A W F L Y L R
W Y D L E V S V X W N Y X N U
C D V U T Z O L O K E S B H T
H D A T H C W D D E H L U Z S
M E D D Y L I A U N A T U R O
B M G N M E D D Y L I O L F T
F J S E M O S I Y N A U C F T
```

DERBYN
SYLW
CAREDIGRWYDD
DAWEL
EGLURDER
TOSTURI
EMOSIYNAU
HAPUSRWYDD
DIOLCHGARWCH
MEDDYLIOL

MEDDWL
SYMUDIAD
CERDDORIAETH
NATUR
HEDDWCH
MEDDYLIAU
SAFBWYNT
OSGO
ANADLU

# 66 - Café

```
A T V W C A T I D A X N K S A
T S A L B W N N E R O B E I W
S O I E H W P I R O I C D W O
U H C D X D O A N G H Y I G L
U R G S I R H H N L Y S I R P
J A S T H G U X A M L D A Ŵ L
H U F E N M M M B L I I M D K
T U L C H W E R W Z F O R A C
E M K A C A F F E I N D Y I V
A R T U M Q C H M W G Q W D V
L H K A W B R E W Q A R I D K
L I I I K Y V P L Y X O A R S
J D Z T U L I U P C L B E A M
O L C Y E R K Y B U O L T T G
L O J W A Q N U V R C D H D U
```

| | |
|---|---|
| DŴR | LLAETH |
| CHWERW | HYLIF |
| AROGL | BORE |
| RHOST | MALU |
| SIWGR | DU |
| ASIDIG | TARDDIAD |
| DIOD | PRIS |
| CAFFEIN | BLAS |
| HUFEN | CWPAN |
| HIDLO | AMRYWIAETH |

# 67 - Libros

```
B U D D S O D D I P A Z H C A
X D D A I L G S A C W K A Y D
Q P Z I R O M T P K D G N D R
D E U O L I A E T H U X E D O
I T N D C N G I S A R T S E D
B A R D D O N I A E T H Y S D
C O J K D D P S R V P M D T W
B Y R Z R U T N A O P V D U R
R S F Q E L E K L Y T H O N G
N Y Q R C T K T A E T S L T Z
C O G W E D A R L L E N Y D D
V N F L O S A N H T R E P M X
G I D E N E F I R G S Y G L Y
V F L P L T U D A L E N U O W
L L E N Y D D O L P E Q K E L
```

AWDUR
ANTUR
CASGLIAD
CYD-DESTUN
DEUOLIAETH
YSGRIFENEDIG
STORI
HANESYDDOL
DONIOL
BUDDSODDI

DARLLENYDD
LLENYDDOL
ADRODDWR
NOFEL
TUDALEN
PERTHNASOL
CERDD
BARDDONIAETH
CYFRES
TRASIG

# 68 - Los Medios de Comunicación

```
U  A  D  D  E  W  G  A  B  I  C  A  Y  T  L
B  Y  E  I  L  M  B  O  A  N  S  R  V  N  R
E  C  K  R  W  A  O  Y  R  R  P  G  H  P  B
R  A  D  I  O  Y  Z  U  N  X  E  R  P  C  C
H  H  T  I  A  W  D  Y  W  H  R  A  H  Y  F
T  U  N  I  G  O  L  I  U  P  T  F  T  H  F
A  L  O  H  C  A  N  S  A  M  Q  F  L  O  E
F  O  A  H  F  K  P  H  I  N  Y  I  O  E  I
Y  D  M  R  F  N  J  S  N  C  T  A  S  D  T
C  I  T  O  L  Q  Q  Z  U  E  Y  D  U  D  H
P  G  T  O  V  E  B  N  L  O  E  L  L  U  I
T  I  K  P  O  Z  I  I  L  T  A  L  L  S  A
U  D  E  L  E  T  E  N  O  O  B  Y  A  I  U
C  Y  L  C  H  G  R  O  N  A  U  V  E  H  D
K  H  N  W  X  F  Y  I  R  G  S  Y  D  D  A
```

AGWEDDAU            UNIGOL
MASNACHOL           DIWYDIANT
CYFATHREBU          DEALLUSOL
DIGIDOL             LLEOL
ARGRAFFIAD          BARN
ADDYSG              CYHOEDDUS
AR-LEIN             RADIO
CYLLID              RHWYDWAITH
LLUNIAU             CYLCHGRONAU
FFEITHIAU           TELEDU

# 69 - Nutrición

```
Y  J  K  X  T  I  P  Z  S  N  U  A  I  F  X
V  D  D  Y  D  Y  W  F  N  W  A  R  G  S  X
D  E  I  E  T  Q  K  B  B  N  N  Q  M  C  M
T  R  E  U  L  I  A  D  W  N  I  H  A  H  P
E  J  L  S  A  L  B  D  K  Y  E  T  E  W  O
M  K  W  E  V  S  H  W  R  W  T  E  T  E  U
F  P  T  L  E  C  U  A  U  N  O  A  H  R  E
G  I  Z  P  I  G  W  S  X  E  R  W  D  W  S
A  A  T  E  H  G  L  N  K  W  P  H  Y  W  S
L  U  Y  A  T  B  R  A  O  G  K  C  H  A  Y
O  X  B  H  M  I  T  U  P  B  I  R  C  U  W
R  B  A  W  H  I  Y  B  Z  S  J  A  E  Y  B
Ï  G  D  R  O  W  N  F  C  N  A  K  I  L  T
A  V  J  Y  N  D  Q  I  A  C  H  W  D  B  Y
U  V  X  P  W  Y  S  A  U  L  I  N  S  E  C
```

CHWERW
ARCHWAETH
ANSAWDD
GALORÏAU
GRAWNFWYDYDD
BWYTADWY
DEIET
TREULIAD
CYTBWYS
EPLESU

MAETH
PWYSAU
PROTEINAU
BLAS
SAWS
IECHYD
IACH
GWENWYN
FITAMIN

# 70 - Edificios

```
F  I  D  E  I  G  R  F  S  X  G  X  A  N  H
T  F  J  Z  P  W  A  F  L  L  Y  S  R  A  J
Q  C  E  V  E  E  Q  L  L  C  A  K  C  S  W
Y  G  R  R  N  S  K  A  L  M  F  F  H  D  Q
S  V  A  O  M  T  U  T  O  V  D  U  F  C  T
J  Z  G  B  I  Y  P  Q  G  P  D  O  A  A  W
M  S  U  U  P  T  O  S  S  L  E  J  R  S  T
U  T  N  G  C  Y  P  E  Y  J  U  S  C  T  H
H  A  L  S  I  B  D  W  F  K  G  Y  H  E  E
U  D  O  Y  P  S  R  X  I  F  M  J  N  L  A
X  I  G  T  K  Y  D  N  R  T  A  B  A  L  T
W  W  S  I  N  E  M  A  P  O  W  T  D  Y  R
D  M  Y  Y  D  R  O  B  A  L  M  R  R  G  I
H  O  S  T  E  L  X  A  H  J  J  B  S  I  I
A  C  A  F  P  G  Y  C  B  X  A  C  Q  D  J
```

| | |
|---|---|
| HOSTEL | FFERM |
| FFLAT | YSBYTY |
| CABAN | GWESTY |
| CASTELL | LABORDY |
| SINEMA | AMGUEDDFA |
| YSGOL | ARSYLLFA |
| STADIWM | ARCHFARCHNAD |
| FFATRI | THEATR |
| GAREJ | TWR |
| YSGUBOR | PRIFYSGOL |

# 71 - Océano

```
T  S  Y  D  R  E  B  L  N  F  C  R  A  I  S
T  T  L  I  T  U  O  L  I  O  U  Ô  M  U  J
N  O  M  Y  W  G  V  Y  F  Q  D  M  I  Z  G
L  R  R  Y  M  F  S  S  F  K  P  D  O  Y  I
I  M  T  Q  A  L  B  Y  L  J  Y  O  I  K  L
F  P  B  H  H  E  E  W  O  E  R  R  R  U  J
R  F  K  J  H  R  K  O  D  S  I  F  E  D  M
O  C  T  O  P  W  S  D  X  O  L  E  Q  P  P
M  H  W  L  J  C  D  Y  B  O  M  L  E  D  Y
L  C  A  Y  T  Q  E  R  R  U  Â  G  L  A  S
L  W  T  L  Y  R  W  A  X  T  I  S  M  H  G
A  C  I  V  E  J  J  N  X  E  S  S  N  G  O
N  R  W  L  C  N  A  R  C  C  W  Y  O  Y  D
W  V  N  A  B  W  R  C  X  A  G  B  W  U  Q
O  F  A  G  X  J  A  B  L  N  N  H  X  C  V
```

| | |
|---|---|
| ALGÂU | NODDI |
| GWYMON | LLANW |
| LLYSYWOD | SGLEFROD MÔR |
| TIWNA | WYSTRYS |
| MORFIL | PYSGOD |
| CWCH | OCTOPWS |
| BERDYS | HALEN |
| CRANC | SIARC |
| CWREL | STORM |
| DOLFFIN | CRWBAN |

# 72 - Ciudad

```
G Z H K R S V S C V X Q N X C
V J A F L L Y R E F F Q M Z S
O D M Z Z U M C L I N I G J I
W W E Q Y O Z A O A G U G N O
I K N A G T Q U E R K E W L P
P R I F Y S G O L S I U D S F
S T S D T A W D L T A E F I L
T A S D S L O C N A B W L O O
A E W E E V R R E Y D J Y P D
D H U U W W R J F B U H C R A
I T D G G L L Y F R G E L L U
W Q J M S I O P L Y F R A U C
M Q K A B E X Y S G O L F L L
A R C H F A R C H N A D B M W
F A R C H N A D A Q O U Z G D
```

| | |
|---|---|
| MAES AWYR | GWESTY |
| BANC | SIOP LYFRAU |
| LLYFRGELL | FARCHNAD |
| SINEMA | AMGUEDDFA |
| CLINIG | BECWS |
| YSGOL | ARCHFARCHNAD |
| STADIWM | THEATR |
| FFERYLLFA | SIOP |
| SIOP FLODAU | PRIFYSGOL |
| ORIEL | SW |

# 73 - Conservación

```
P  Q  L  O  D  D  E  H  C  L  Y  G  M  A  O
Z  P  K  L  S  U  H  C  L  Y  G  L  I  A  R
S  E  S  P  Y  B  O  L  O  E  Y  A  I  L  G
U  Q  Z  L  W  G  E  Y  G  S  J  E  I  J  A
A  P  E  A  D  N  R  C  T  Z  Y  N  N  N  N
D  Ŵ  R  L  A  F  P  E  R  A  B  S  W  I  I
A  A  F  A  I  N  J  R  D  R  Z  Z  T  F  G
I  X  J  D  L  V  I  F  H  D  A  A  Z  E  L
D  G  U  D  A  O  L  O  I  R  U  T  A  N  M
I  W  G  W  N  V  L  A  B  P  T  T  B  Y  I
W  Y  I  Y  Y  Y  E  E  D  G  S  S  F  C  S
E  R  L  R  C  I  I  N  X  D  H  V  J  T  N
N  D  W  S  D  Y  H  C  E  I  Y  Y  Y  D  B
K  D  N  D  D  W  A  S  N  I  H  S  E  G  A
P  R  Y  D  E  R  U  Q  Z  P  I  F  G  X  X
```

| | |
|---|---|
| DŴR | NATURIOL |
| AMGYLCHEDDOL | ORGANIG |
| NEWIDIADAU | PLALADDWYR |
| CYLCH | PRYDER |
| HINSAWDD | AILGYLCHU |
| LLYGREDD | LLEIHAU |
| ECOSYSTEM | IECHYD |
| ADDYSG | CYNALIADWY |
| CYNEFIN | GWYRDD |

# 74 - Agronomía

```
R  I  G  A  W  H  V  Z  H  L  A  T  Z  S  F
A  J  I  U  F  T  F  I  Q  A  L  W  M  Y  P
C  Y  N  A  L  I  A  D  W  Y  D  F  T  S  H
G  S  A  D  K  A  Y  O  R  K  D  A  G  T  T
G  J  G  Y  B  T  N  B  Q  N  E  G  U  E  E
A  C  R  F  R  R  N  A  G  J  H  W  H  M  A
S  T  O  E  Y  W  I  N  P  L  C  L  C  A  I
M  I  O  L  O  G  K  D  W  I  L  E  R  U  N
B  A  U  C  C  G  B  A  X  J  Y  D  Y  Ŵ  O
P  L  A  N  H  I  G  I  O  N  G  I  H  A  D
V  T  V  E  C  O  L  E  G  Z  M  G  N  F  D
L  L  Y  G  R  E  D  D  C  I  A  Z  Y  G  Y
A  S  T  U  D  I  A  E  T  H  Y  R  C  F  W
F  F  E  R  M  I  O  H  L  R  I  V  P  C  G
L  L  Y  S  I  A  U  H  H  U  G  Z  K  T  M
```

| | |
|---|---|
| FFERMIO | ADNABOD |
| DŴR | AMGYLCHEDD |
| GWYDDONIAETH | ORGANIG |
| LLYGREDD | PLANHIGION |
| TWF | CYNHYRCHU |
| ECOLEG | GWLEDIG |
| YNNI | HADAU |
| CLEFYDAU | SYSTEMAU |
| ASTUDIAETH | CYNALIADWY |
| GWRTAITH | LLYSIAU |

# 75 - Deporte

```
Z  V  G  A  U  F  U  C  A  U  I  D  B  J  B
R  H  A  G  L  E  N  R  U  F  U  V  E  P  O
W  M  I  N  L  T  B  Y  C  Y  H  Y  R  A  U
P  D  E  X  A  O  S  F  S  K  E  H  R  F  D
M  E  Q  T  G  X  U  D  C  O  R  F  F  Q  Y
A  I  S  P  A  N  O  E  A  R  A  W  H  C  V
G  E  C  H  E  B  T  R  O  Z  I  D  O  N  M
L  T  J  H  W  T  O  X  U  F  E  Y  R  Q  A
O  I  F  O  N  I  E  L  R  Y  C  G  K  H  E
B  B  E  I  C  I  O  S  I  K  H  N  B  G  T
A  Y  M  E  S  T  Y  N  G  G  Y  W  E  L  H
M  D  L  X  P  G  H  O  S  Y  D  C  V  T  T
H  Y  F  F  O  R  D  D  W  R  R  H  V  N  O
G  L  C  N  W  W  C  V  O  I  S  N  W  A  D
W  N  E  U  D  Y  G  O  R  A  U  B  M  W  R
```

| | |
|---|---|
| MABOLGAMPWR | ESGYRN |
| DAWNSIO | WNEUD Y GORAU |
| GALLU | NOD |
| BEICIO | METABOLIG |
| CORFF | CYHYRAU |
| CHWARAEON | I NOFIO |
| DEIET | MAETH |
| HYFFORDDWR | RHAGLEN |
| YMESTYN | DYGNWCH |
| CRYFDER | IECHYD |

# 76 - Ingeniería

```
A S D K E S E D C R O E B R F
G D R D E M A I D C P G I D F
P D E U H T R A B S O D B Y R
E Y D I N N Y G I N N Y C F I
I W F C L A V R U S E M A N T
R R Y O Y A I A Y C H J J D H
I G R N F F D M B A E W K E I
A O C G M O R U D O M C O R A
N L N L E S E I D F G V R I N
T D N E D U M K F I L Y H F T
T Y S H Z L I X H I J S J C T
J F M C L G P L M Q A A D C H
H E V E V G B I N Y W D G U K
I S N S T R W Y T H U R P P L
C Y L C H D R O F D B E K E B
```

| | |
|---|---|
| ONGL | STRWYTHUR |
| CYFRIFIAD | FFRITHIANT |
| ADEILADU | CRYFDER |
| DIAGRAM | HYLIF |
| DIAMEDR | PEIRIANT |
| DIESEL | MESUR |
| DOSBARTHU | MODUR |
| ECHEL | CYNNIG |
| YNNI | DYFNDER |
| SEFYDLOGRWYDD | CYLCHDRO |

# 77 - Comida #1

```
S  U  F  E  M  B  X  O  G  I  C  N  I  C  D
W  A  P  H  T  W  V  H  E  X  E  X  Y  A  G
E  N  L  B  A  T  L  S  L  I  W  S  K  W  A
Y  W  T  A  D  L  C  D  L  X  N  X  M  L  R
P  I  A  M  D  A  E  M  Y  H  A  I  D  D  L
R  T  S  Y  U  K  D  N  G  A  P  Z  P  R  L
L  A  Y  B  S  Q  U  O  Q  A  A  V  T  L  E
W  U  Q  D  I  Q  B  M  I  F  Y  B  S  L  G
L  I  O  U  U  G  M  E  G  A  Y  A  J  A  P
Y  M  O  R  O  N  O  L  L  B  J  S  U  E  V
S  I  N  A  M  O  N  G  R  G  W  I  S  T  Y
K  M  O  F  S  K  S  H  L  J  M  L  E  H  E
F  E  I  T  F  D  X  D  F  Y  D  H  T  A  B
X  T  N  E  Q  G  X  W  L  N  S  I  G  L  T
B  B  U  O  K  Q  W  A  D  S  O  V  Z  I  K
```

| | |
|---|---|
| GARLLEG | MEFUS |
| BASIL | SUDD |
| TIWNA | LLAETH |
| SIWGR | LEMON |
| SINAMON | BATHDY |
| CIG | MAIP |
| HAIDD | GELLYG |
| UNION | HALEN |
| SALAD | CAWL |
| SBIGOGLYS | MORON |

# 78 - Antigüedades

```
A C O D E S H N A U Y U G Q Z
D E Z O C T O U N E H W O K F
D L D D N A I R A U A N R A D
U F X R D N I Q R E F D A B D
R R A E E M H N F I R N A C W
N M N F G A J Z E O R I E L A
O D T N A I H T R E W R A O S
L X C N W U C D O P R I S R N
B N L N D J W E L L U D D R A
P B S K A O T G R D I L Y S H
N G R N U Z S E W F T E S M W
V X V Q F W A A G E L W V S E
S H Q L I B F P B P R U N M K
B U D D S O D D I A D T N O A
G E M W A I T H A E N R H J F
```

CELF
DILYS
ANSAWDD
ADDURNOL
DEGAWDAU
CAIN
CERFLUN
ARDDULL
ORIEL
ANARFEROL

BUDDSODDIAD
GEMWAITH
DARNAU ARIAN
DODREFN
PRIS
ADFER
CANRIF
ARWERTHIANT
GWERTH
HEN

# 79 - Literatura

```
A  W  M  G  X  D  D  A  I  L  G  S  A  C  Q
M  R  E  O  O  A  E  H  G  W  N  E  D  Q  X
E  L  D  E  W  H  C  I  I  J  Z  O  R  C  C
H  X  D  D  N  S  U  P  A  H  L  R  O  R  Y
T  Z  R  A  U  Z  E  L  J  L  C  U  D  H  F
N  X  E  N  E  L  G  U  F  F  O  O  D  Y  A
G  M  C  A  M  D  L  U  U  G  Y  G  W  T  T
E  O  Z  Q  C  O  N  O  F  E  L  F  R  H  E
B  A  R  D  D  O  N  O  L  J  A  J  O  M  B
D  A  D  A  N  S  O  D  D  I  A  D  H  W  I
K  A  Y  T  R  O  S  I  A  D  R  Z  E  Z  A
H  H  C  Y  M  H  A  R  I  A  E  T  H  R  E
D  I  S  G  R  I  F  I  A  D  H  M  W  A  T
B  Y  W  G  R  A  F  F  I  A  D  O  V  F  H
E  B  G  P  X  S  A  W  D  U  R  U  V  L  L
```

CYFATEBIAETH
DADANSODDIAD
CHWEDL
AWDUR
BYWGRAFFIAD
CYMHARIAETH
CASGLIAD
DISGRIFIAD
DEIALOG
ARDDULL

FFUGLEN
TROSIAD
ADRODDWR
NOFEL
CERDD
BARDDONOL
ODL
RHYTHM
THEMA

# 80 - Química

```
Z U B M I A D W A I T H G Y B
H Z G O P Q D U B R G F W A L
A Q W L Q W Y W N N O B R A C
L B W E V D L V K D U M E Q T
E C B C G D A L J X X U S A Z
N H F I N I T P P S S D J Y S
A N N W L A A H M Q I M L S M
M N O L J Ï C O C S I G E N H
Y E R A E L C W I N U I V A Y
S G T U U A S Y W P O L N H L
N O C E Q C X K T L A A R M I
E R E Z L L A U Y X A E S F F
A D L S G A I O W X U O N I G
U Y E P E Q U O O C B T L X D
F H G E M X G C N I R O L C E
```

ALCALÏAIDD
ASID
GWRES
CARBON
CATALYDD
CLORIN
ELECTRON
ENSYM
NWY
HYDROGEN

ION
HYLIF
METELAU
MOLECIWL
NIWCLEAR
OCSIGEN
PWYSAU
ADWAITH
HALEN

# 81 - Gobierno

```
C Y F R A I T H J V Q Q X W A
T R A F O D A E T H D P C L N
A R W E I N Y D D V R C Y A N
T F Q R X A R D A L F D D D I
C F L O R W N R A B C W R W B
O M Q W C I B E N E H L A R Y
C Y F A N S O D D I A D D I N
R H Y D D I D N K G U E D A I
U M R C Y Z U W O D G N O E A
S I F I L V R A S E M E L T E
A R A I T H T I I Y C C D H T
M R V K M A D F Q L M U E J H
H C G P D T X Y V O W B B J O
R D J K J V C C F H Z A O I D
C E N E D L A E T H O L H L R
```

| | |
|---|---|
| SIFIL | BARNWROL |
| CYFANSODDIAD | CYFIAWNDER |
| HAWLIAU | CYFRAITH |
| ARAITH | RHYDDID |
| TRAFODAETH | ARWEINYDD |
| ARDAL | HENEB |
| WLADWRIAETH | CENEDLAETHOL |
| CYDRADDOLDEB | CENEDL |
| ANNIBYNIAETH | SYMBOL |

# 82 - Creatividad

```
H  M  E  D  D  E  F  I  L  Y  H  D  N  G  T
F  F  F  A  R  G  R  A  T  P  P  I  W  R  E
N  E  W  I  D  A  L  M  I  E  T  G  C  E  I
A  A  C  D  D  M  M  D  D  E  S  Y  W  D  M
D  A  A  D  W  E  Y  A  B  R  H  M  Q  D  L
G  N  O  O  Z  S  L  N  T  A  B  E  Y  F  A
Y  U  A  S  F  D  Y  W  E  I  L  L  G  G  D
M  Q  C  D  V  F  K  X  E  G  G  L  S  I  A
Y  U  A  D  A  I  N  Y  S  D  I  Z  R  T  U
H  H  O  U  I  V  W  X  M  D  A  W  S  H
C  E  F  B  E  G  L  U  R  D  E  R  N  I  K
Y  S  B  R  Y  D  O  L  I  A  E  T  H  T  T
D  D  I  L  Y  S  R  W  Y  D  D  R  R  R  Y
E  M  O  S  I  Y  N  A  U  R  I  Q  J  A  J
B  Y  W  I  O  G  R  W  Y  D  D  K  G  R  L
```

| | |
|---|---|
| ARTISTIG | DELWEDD |
| DILYSRWYDD | DYCHYMYG |
| NEWID | ARGRAFF |
| EGLURDER | YSBRYDOLIAETH |
| DRAMATIG | DWYSEDD |
| EMOSIYNAU | GREDDF |
| DIGYMELL | BUDDSODDI |
| MYNEGIANT | TEIMLAD |
| HYLIFEDD | TEIMLADAU |
| SYNIADAU | BYWIOGRWYDD |

# 83 - Filantropía

```
G Y C G C E N H A D A E T H R
W O E N E G N A R N A H O B H
C G N A S U D D E O H Y C A A
Z Y D E N U M Y C D G T I U G
G E S D S S L K D A F O N H L
W V R Y D T B I I U M K O F E
V H U B L B R R L J E A I Z N
Y N E S U L E W L K L A L M N
S K S P L E T W Y Q D B E A I
V E G Z C M H I C D P L A N T
G R W P I A U A A A D B H T O
V X U X P H A H N D Z O I Q B
I E U E N C T I D E A P X C Z
D Y N O L I A E T H S U C S Y
E B M T K K C R O N F E Y D D
```

ELUSEN
CYMUNED
CYSYLLTIADAU
CYLLID
CRONFEYDD
HAELIONI
POBL
BYD-EANG
GRWPIAU
HANES

GONESTRWYDD
DYNOLIAETH
IEUENCTID
NODAU
CENHADAETH
ANGEN
PLANT
RHAGLENNI
CYHOEDDUS

# 84 - Clima

```
M  K  Y  L  U  Z  H  C  L  Y  G  R  Y  W  A
E  G  Â  L  A  E  C  O  A  H  C  Y  S  E  W
L  W  Z  I  S  K  D  R  E  I  Y  K  C  Q  F
L  Y  T  F  P  H  L  W  I  N  Ŵ  S  N  O  M
T  N  O  O  D  Q  V  Y  K  S  H  F  X  G  F
C  T  C  G  D  U  P  N  R  A  S  V  N  Q  C
W  P  J  Y  E  A  B  T  S  W  Q  T  X  P  F
M  G  W  D  R  N  N  T  Y  D  C  K  O  M  K
W  T  H  D  E  A  A  R  Z  D  T  A  A  R  R
L  P  R  G  H  R  W  A  O  Y  J  I  W  I  M
A  W  E  L  M  A  Y  L  Q  T  E  G  E  O  Y
D  L  X  W  Y  T  R  O  S  Y  C  H  D  E  R
L  K  I  S  T  Y  F  P  O  Z  K  I  Q  O  U
H  C  T  R  O  F  A  N  N  O  L  N  W  E  B
L  X  Y  V  Z  Y  D  C  Q  K  C  X  Q  I  I
```

| | |
|---|---|
| AWYRGYLCH | POLAR |
| AWEL | MELLT |
| AWYR | SYCH |
| HINSAWDD | SYCHDER |
| IÂ | TYMHEREDD |
| CORWYNT | STORM |
| LLIFOGYDD | TORNADO |
| MONSŴN | TROFANNOL |
| NIWL | TARANAU |
| CWMWL | GWYNT |

# 85 - Comida #2

```
Q A N A N A B W E U R V J P A
P R I S N I S Z G G O A A Y S
L T A F A L N O G W M K W K B
N I W N W A R G P E V Y L Y E
G S D O C O Â N L N A V A X U
D I V M A D I K A I W I C F P
E O G L B V W V N T S J U B K
L G G A S Q Y B T H B A R A D
C G E S W A C C E I R I O S T
O X K K Y S I B G R R L T R G
I U Q L S P O S N E D I A R B
S H Y C P I G B B L X A M E L
H Z Q M Q L W C G E T Z O I V
C F O S D X R R C S G I T S L
T R K Q S I T P N G H W V E W
```

ARTISIOG          AFAL
ALMON             BARA
SELERI            PYSGOD
REIS              BANANA
EGGPLANT          CYW IÂR
CEIRIOS           CAWS
SIOCLED           TOMATO
WY                GWENITH
SINSIR            GRAWNWIN
CIWI              IOGWRT

# 86 - Arte

```
R Z X T G T I M H L P X N S O
B T A U A D A I T N E A P W N
M H T E A I N O D D R A B R E
C E R A M I G L T W S N H E S
F F I G U R Z N O M O O W A T
G W E L E D O L E O N Q Y L P
L T N A I G E N Y M O Z L A O
F A U E K L U J A H L P I E R
C U L B P W N C Z T J K A T T
V A F S Y M L V U E R C U H R
G W R E I D D I O L C L S U E
B M E S O R R M Z H M D E A A
J U C M J B L O B M Y S N N D
H L U G H I L O D Y R B S Y U
P B O O X P D V U C Z C U C Q
```

CERAMIG            PERSONOL
CYMHLETH           PAENTIADAU
CREU               BARDDONIAETH
CERFLUN            PORTREADU
MYNEGIANT          SYML
FFIGUR             SYMBOL
ONEST              SWREALAETH
HWYLIAU            PWNC
YSBRYDOLI          GWELEDOL
GWREIDDIOL

# 87 - Diplomacia

```
H H Y V P W R H C Y M U N E D
M T C U H T E A R D O W Y L L
U N I O N D E B O A C D V T S
Y D M L X V N G M N T D D R O
T M B O V B K R A N A E O A O
F C G V E E U F R E N O B F Q
S L G Y N S W S T G N H X O D
D N G C R G E T W S Z T J D Y
A F A H P C R G Y Y J I R A N
T C X W G G H A P L J E T E G
R T R F R W E O S L S I Z T A
Y A R B H C W L E G O I D H R
S D I N E S I G O D C C F E O
G W R T H D A R O F D D S Z L
D I N A S Y D D I O N M V M P
```

| | |
|---|---|
| YMGYRCHOEDD | MOESEG |
| DINASYDDION | LLYWODRAETH |
| DINESIG | DYNGAROL |
| CYMUNED | IEITHOEDD |
| GWRTHDARO | UNIONDEB |
| TRAFODAETH | DATRYS |
| LLYSGENNAD | DIOGELWCH |
| TRAMOR | ATEB |

# 88 - Herboristería

```
O O E R E W D D R A G E F C B
G P B Z C R D S H N E A F Y L
X R H D K F R X O Q L D E N O
G O R D V W Y D S X L A N H D
D F H W Z A W Z M Z R S I W Y
L A F A N T G T A O A J G Y N
X O M S I U Z G R I G P L S A
P L A N H I G I O N B E E I R
D G R A T B S E K I A R X O O
K Q O R Y A Q E V G S S S N M
J O J I P B R I O O I L G J A
D K R P O V L A E C L I T L T
P A A J P D W A G K H I P S I
W L M W R F F A S O N M D F G
B A T H D Y W J C B N L L H K
```

GARLLEG
BASIL
AROMATIG
SAFFRWM
ANSAWDD
COGINIO
DIL
TARAGON
BLODYN
FFENIGL

CYNHWYSION
GARDD
LAFANT
MARJORAM
BATHDY
PERSLI
PLANHIGION
RHOSMAR
BLAS
GWYRDD

# 89 - Energía

```
U D L X B T J B F V I Q U L G
L Y H G A P R Z O F L N K R U
K L R E T G F Y V N O B R A C
O C Y W R B H P D M A T A R H
G B T G I V Y L E A O M O F A
L G N N R E G A U Z N K P N U
D W A N U E H Y D R O G E N L
D Y I O D A D G A S O L I N E
Y N D R O R P D F E M X P I S
W T Y T M L I E E R Y A T B E
N I W C L E A R C W M C O R I
A S I E Y J K K T G Q U U Y D
T C D L E N T R O P I I D T W
F T G E Z Y X O B C D R K R D
A D N E W Y D D A D W Y O L D
```

BATRI

GWRES

CARBON

TANWYDD

LLYGREDD

DIESEL

ELECTRON

TRYDAN

ENTROPI

FFOTON

GASOLINE

HYDROGEN

DIWYDIANT

MODUR

NIWCLEAR

ADNEWYDDADWY

HAUL

TYRBIN

AGER

GWYNT

# 90 - Especias

```
P  F  T  P  U  N  W  Z  C  C  F  B  M  K  U
N  G  Z  U  S  N  G  N  F  Y  W  V  H  F  O
O  X  U  P  C  E  I  K  Y  I  R  M  L  W  K
B  M  B  U  R  L  F  O  S  A  U  I  I  Q  I
L  F  E  R  C  A  W  M  N  K  S  J  O  N  T
A  R  U  U  W  H  Q  E  C  I  R  O  C  I  L
S  Y  J  Q  G  G  E  L  L  R  A  G  S  W  G
C  H  W  E  R  W  S  Y  J  P  S  G  I  U  I
N  Y  T  M  E  G  I  S  W  A  T  N  N  W  N
S  I  N  S  I  R  N  Q  P  P  I  R  A  N  E
Q  M  W  R  F  F  A  S  O  X  L  L  M  E  F
E  W  I  N  E  U  B  I  L  T  R  Q  O  W  F
O  N  V  B  P  A  O  G  B  M  C  J  N  X  G
E  V  G  G  Z  Q  Y  Z  V  C  O  Z  L  I  H
F  A  N  I  L  A  U  Y  B  S  F  Y  I  B  Y
```

| | |
|---|---|
| SUR | MELYS |
| GARLLEG | FFENIGL |
| CHWERW | SINSIR |
| ANISE | NYTMEG |
| SAFFRWM | PAPRIKA |
| SINAMON | PUPUR |
| UNION | LICORICE |
| EWIN | BLAS |
| CWMIN | HALEN |
| CYRI | FANILA |

# 91 - Emociones

```
Q A Z C E D Y F N Y W G L T C
H N F S V O A I F F P Y L R Y
C A R F V D C W C V U F A I D
A N M Z A N A G E R D F W S Y
R V B D T Y R K S L I R E T M
E U H H D S U T B N F O N W D
D H C W R E N Y T M L U Y C E
I D W X A D N Y Z S A S D H I
G I D T G X K O H Y S D D F M
R C D Y H Z H Y L W T N F O L
W T E H C W D D Y N O L L D A
Y E H O L X W O R N D B M L D
D R H N O C S C P Y G S Z O Y
D Q H C I H U M X C Q Q P N Z
U S Q D D A H D D Y H R M R P
```

| | |
|---|---|
| DIFLASTOD | DICTER |
| DIOLCHGAR | OFN |
| LLAWENYDD | HEDDWCH |
| RHYDDHAD | HAMDDENOL |
| CARU | FODLON |
| WYNFYD | CYDYMDEIMLAD |
| CAREDIGRWYDD | SYNDOD |
| DAWEL | TYNERWCH |
| CYNNWYS | LLONYDDWCH |
| GYFFROUS | TRISTWCH |

# 92 - Universo

```
A S W Q I V P H B I K F B V G
W E I Z R A T A J G V U S K A
Y R Y W A P H C Y G H W M N L
R Y S P Y W D A L E W G A Z A
G D G O R W E L L D S F E E E
Y D S G W E D D E D Y H Y C T
L I O S D T W X U D U U F S H
C A L E D A Y H A N Y W A R C
H E A L Y Y S W D E R D E L L
R T R E R G A T Y M P D E N O
A H M T E I A D E L Q O S E Z
Q T O Q S M J J F R L F M F I
U R E F F S I M E H O W Z O W
Q T I B R O F N L Y E I C L Q
M G I W S C H Y D R E D D H B
```

ASTEROID
SERYDDIAETH
SERYDDWR
AWYRGYLCH
NEFOL
AWYR
COSMIG
CYHYDEDD
GALAETH
HEMISFFER

GORWEL
LLEDRED
HYDRED
LLEUAD
TYWYLLWCH
ORBIT
SOLAR
ATEB
TELESGOP
GWELADWY

# 93 - Jazz

```
P  A  F  R  O  D  D  R  E  C  B  W  D  A  C
Z  N  E  H  N  Z  U  Y  R  T  Y  R  R  R  Y
E  D  D  Y  W  E  N  V  L  G  R  D  Y  D  F
G  R  F  T  N  E  L  A  T  F  F  A  M  D  A
F  W  V  H  K  R  C  T  S  D  Y  I  I  U  N
U  F  U  M  L  N  D  S  I  Z  F  D  A  L  S
O  T  E  X  W  E  Y  P  T  F  Y  D  U  L  O
C  Â  N  F  Z  G  O  Y  R  P  R  O  N  T  D
J  I  Y  V  R  A  Z  H  A  R  S  S  I  E  D
A  L  B  W  M  Y  D  D  R  E  G  N  Y  C  W
I  S  M  H  J  N  N  G  S  T  O  A  W  H  R
J  H  N  J  I  Y  U  N  R  B  W  F  N  N  K
O  R  A  U  G  J  N  D  A  M  N  Y  I  E  E
U  F  G  C  M  H  X  Z  J  U  E  C  D  G  A
N  P  O  P  W  Y  S  L  A  I  S  M  C  X  K
```

| | |
|---|---|
| ARTIST | GENRE |
| ALBWM | BYRFYFYR |
| CÂN | NEWYDD |
| CYFANSODDIAD | CERDDORFA |
| CYFANSODDWR | RHYTHM |
| CYNGERDD | TALENT |
| ARDDULL | DRYMIAU |
| PWYSLAIS | TECHNEG |
| ENWOG | HEN |
| FFEFRYNNAU | |

# 94 - Mediciones

```
D D E F D O M D V M R T X A T
B E I T T O W N S À L U U V X
U P L N S Z Z A S S I N A H R
M B V L E D O F Z E T N I E P
E O D E G O L L X R E Z Y W
S U C H D E R O F V M L X J Q
U Z A G R A M N V L D L D Q M
R T C S H X M A R G O L I C L
Y D S D Y S P C G R A D D S J
D V Y I D W E C M H Y D I I J
D H O F E S P Y U I C L R R R
N B F I N Q U C N U Y F E O X
N U X B C D X M U D T L F K W
E Q P V J G E W D Y P T L V M
C G F B S L O R F Y C I G A B
```

| | |
|---|---|
| UCHDER | MÀS |
| LLED | MESURYDD |
| BEIT | MUNUD |
| CANOLFAN | OWNS |
| DEGOL | PWYSAU |
| GRADD | PEINT |
| GRAM | DYFNDER |
| CILOGRAM | MODFEDD |
| LITR | TUNNELL |
| HYD | CYFROL |

# 95 - Barcos

```
H  P  J  P  U  A  B  L  L  Y  N  R  C  N  D
G  R  O  G  N  A  N  G  S  F  M  H  M  N  C
T  Y  K  C  K  W  U  B  W  W  O  A  K  H  O
O  N  M  O  R  W  R  H  A  N  L  F  E  Q  R
T  U  A  E  Q  I  O  L  L  U  O  F  X  C  N
B  A  N  I  N  R  F  R  T  J  R  Y  O  P  L
V  N  C  V  R  C  N  I  F  M  W  Y  A  F  D
Z  N  M  A  O  I  F  T  F  E  R  U  Y  N  D
Y  O  Q  P  I  C  E  B  E  H  O  C  S  W  O
S  T  N  Y  L  A  C  P  R  X  M  I  Y  Q  C
L  V  O  X  Y  G  C  V  I  B  A  O  Z  M  C
D  L  F  C  W  C  H  H  W  Y  L  I  O  Ô  N
J  P  A  A  H  E  G  L  H  K  F  P  T  R  T
T  D  Ŵ  N  A  C  Y  D  N  B  C  X  I  Y  U
U  F  N  D  W  N  M  W  M  A  K  K  C  D  L
```

| | |
|---|---|
| ANGOR | MORWR |
| LLU | MWYAF |
| PRYNU | PEIRIANT |
| CANŴ | MORWROL |
| RHAFF | CEFNFOR |
| FFERI | TONNAU |
| CAIAC | AFON |
| LLYN | CRIW |
| MÔR | CWCH HWYLIO |
| LLANW | HWYLIO |

# 96 - Antártida

```
D A E A R Y D D I A E T H E N
P E N G W I N I A I D Q I Â O
D R D M L J C H C H H S A R J
D U D M B A E Y C E L F D W Q
Y A M Ŵ L X M R M A L F A V I
L N Y Z R A H Z B Y Y G R H Q
I Y Y L D D E O F I L W E H R
W W J S G G F F D P G A F R Y
H M K L O N O D D Y W G U I V
C W X A I E T Y M H E R E D D
M A L X G A D P E N R H Y N H
Y C N M I E X D Y W O T F A B
O L H T E A R W D A C I D F A
M U D O R S U L A Z V A M Y Y
G F A L C J Y V O R U D B C G
```

DŴR
BAE
GWYDDONOL
CADWRAETH
CYFANDIR
DAITH
DAEARYDDIAETH
RHEWLIFOEDD
IÂ
YMCHWILYDD

YNYSOEDD
MUDO
MWYNAU
CYMYLAU
ADAR
PENRHYN
PENGWINIAID
CREIGIOG
TYMHEREDD

# 97 - Mamíferos

```
S  R  C  C  M  O  Q  O  T  C  J  E  K  G  J
E  A  W  A  A  O  J  T  A  T  T  Q  V  O  I
B  C  N  M  M  R  R  H  R  Y  N  Y  L  R  R
R  A  I  E  W  A  F  F  W  X  A  G  O  I  A
A  T  N  L  N  G  R  D  I  A  F  E  D  L  F
N  H  G  Y  C  N  V  I  E  L  F  A  Y  A  F
B  U  E  F  I  A  G  B  Z  C  I  S  H  Y  W
V  M  N  F  C  K  D  S  L  Z  L  Y  S  E  L
Q  E  H  E  S  O  F  D  K  A  E  N  N  D  A
J  N  C  C  W  C  Y  B  V  L  I  C  N  K  A
D  O  L  F  F  I  N  O  P  U  A  D  U  T  L
L  L  W  Y  N  O  G  K  T  E  R  T  D  K  N
F  X  X  K  Z  B  K  L  P  E  T  S  U  C  I
H  R  B  F  Z  W  U  S  C  J  H  C  U  F  Y
U  B  Y  J  G  M  I  S  R  E  N  H  U  X  A
```

| | |
|---|---|
| MORFIL | CATH |
| ASYN | GORILA |
| CEFFYL | JIRAFF |
| CAMEL | BLAIDD |
| KANGAROO | MWNCI |
| SEBRA | ARTH |
| CWNINGEN | DEFAID |
| COYOTE | CI |
| DOLFFIN | TARW |
| ELIFFANT | LLWYNOG |

# 98 - Boxeo

```
Y  J  S  P  C  R  Y  F  D  E  R  H  X  C  F
M  Y  G  E  U  O  O  V  R  U  W  U  L  Y  C
L  M  K  N  Ê  X  F  L  J  A  B  Y  T  F  C
A  A  F  E  Y  B  X  M  D  I  Y  C  Y  L  I
D  D  I  L  N  W  C  G  B  T  L  O  Y  Y  C
D  F  W  I  A  R  D  D  A  N  G  O  S  M  I
Z  E  C  N  U  H  Y  B  B  Y  K  I  I  S  O
O  R  O  D  V  N  Q  N  V  W  V  A  N  B  T
D  U  R  W  L  O  N  A  C  P  X  N  C  E  Q
Y  W  F  X  W  I  C  O  R  N  E  L  B  C  M
P  C  F  R  H  A  F  F  A  U  U  S  G  V  C
G  W  R  T  H  W  Y  N  E  B  Y  D  D  E  L
O  H  W  X  E  I  G  A  R  K  W  Q  T  Z  O
A  P  S  Q  F  Z  V  D  S  W  C  O  F  F  C
A  N  A  F  I  A  D  A  U  X  D  R  R  M  H
```

| | |
|---|---|
| CANOLWR | MENIG |
| ÊN | ANAFIADAU |
| CLOCH | YMLADD |
| FFOCWS | GWRTHWYNEBYDD |
| PENELIN | CICIO |
| RHAFFAU | PWYNTIAU |
| CORFF | DWRN |
| CORNEL | CYFLYM |
| ARDDANGOS | ADFER |
| CRYFDER | |

# 99 - Abejas

```
O  I  B  A  M  R  Y  W  I  A  E  T  H  Y  A
Q  G  W  C  W  C  H  D  V  N  V  V  O  F  D
T  W  Y  P  L  A  N  H  I  G  I  O  N  F  E
R  I  D  J  B  Z  I  E  V  O  J  B  O  F  N
B  L  O  D  Y  N  V  B  J  Y  J  Q  G  R  Y
O  O  H  I  B  R  E  N  H  I  N  E  S  W  D
S  I  W  A  L  J  I  M  C  H  K  L  L  Y  D
E  D  B  L  U  L  U  N  M  Q  D  F  H  T  P
X  D  P  L  C  L  I  W  G  A  R  D  D  H  A
D  U  A  D  O  L  B  E  H  S  A  P  F  E  I
J  B  M  M  P  A  H  B  P  A  A  L  J  H  L
M  E  T  S  Y  S  O  C  E  F  I  A  X  G  L
A  Y  I  S  U  F  H  W  X  X  O  D  U  L  M
E  T  I  V  M  Ê  L  Y  I  K  S  H  H  Z  W
P  R  Y  F  E  D  K  R  Y  D  G  E  E  R  G
```

| | |
|---|---|
| ADENYDD | FFRWYTH |
| BUDDIOL | MWG |
| CWYR | PRYFED |
| CWCH | GARDD |
| BWYD | MÊL |
| AMRYWIAETH | PLANHIGION |
| ECOSYSTEM | PAILL |
| HAID | PEILLIO |
| BLODYN | BRENHINES |
| BLODAU | HAUL |

# 100 - Psicología

```
G T E I M L A D R A E I M R H
P W D O D N Y T N E L P U J A
E P Y W N O J S J N A B B T V
R R S B B R U P H H Z L W G L
S O Y R Y A R D Q E W F I L O
O F N U A D A W N A L Y D T G
N I I A T H D B R O B L E M I
O A A I G T Z I N O V B Z K N
L D D L U R B J A G T A K Y I
I A A Y Q W B P I E O M J J L
A U U D U G H T D U T J A M C
E X X D A S E S I A D H L L B
T X F E A N Y M W Y B O D O L
H V V M O E M O S I Y N A U K
C A N F Y D D I A D U L G J Q
```

CLINIGOL
GWYBYDDIAETH
GWRTHDARO
EGO
EMOSIYNAU
ASESIAD
PROFIADAU
SYNIADAU
ANYMWYBODOL

PLENTYNDOD
DYLANWADAU
MEDDYLIAU
CANFYDDIAD
PERSONOLIAETH
BROBLEM
REALITI
TEIMLAD

## 1 - Arqueología

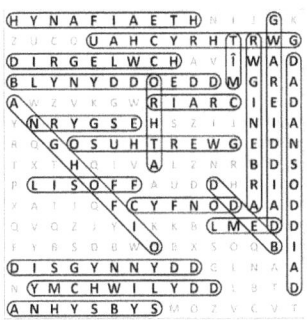

## 2 - Granja #2

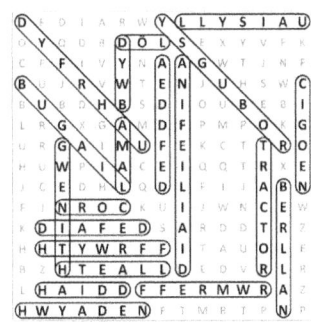

## 3 - La Empresa

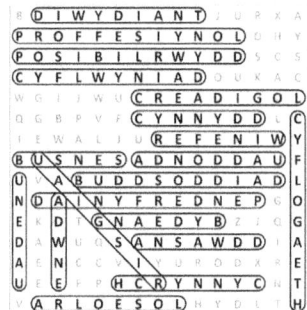

## 4 - Pesca

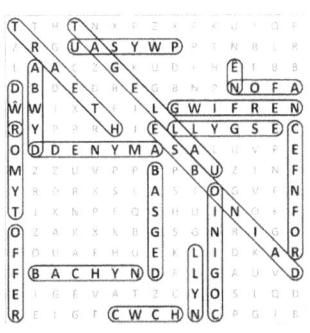

## 5 - Aviones

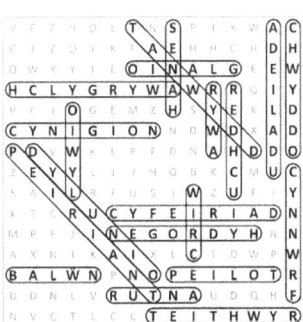

## 6 - Tipos de Cabello

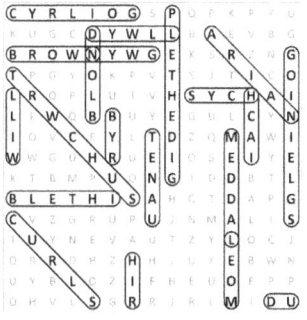

## 7 - Ciencia Ficción

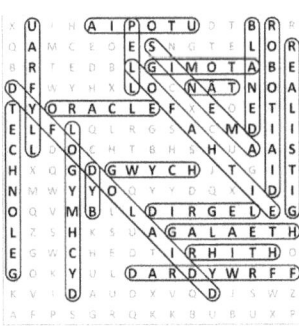

## 8 - Granja #1

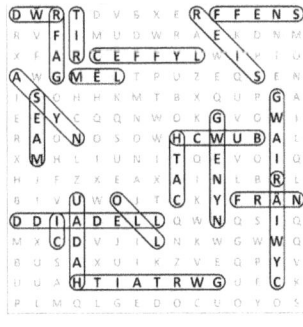

## 9 - Camping

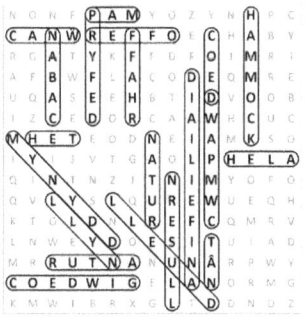

## 10 - Fruta

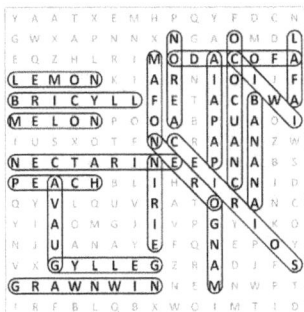

## 11 - Geología

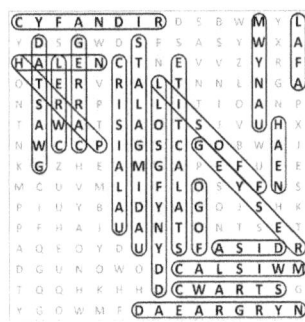

## 12 - Inmigración

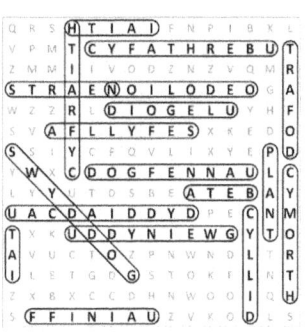

## 13 - Álgebra

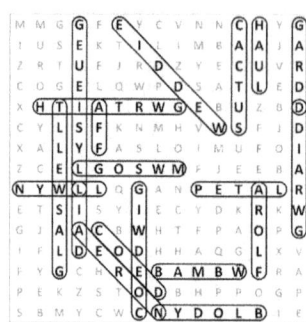

## 14 - Plantas

## 15 - Negocio

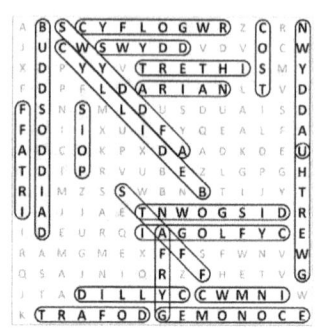

## 16 - Jardín

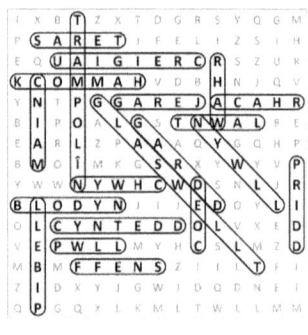

## 17 - Países #2

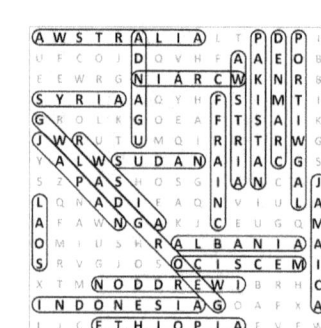

## 18 - Números

## 19 - Física

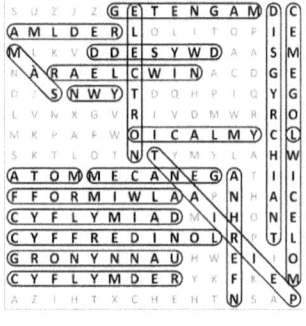

## 20 - Belleza

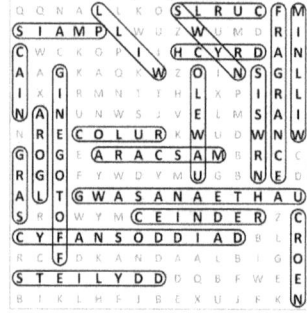

## 21 - Países #1

## 22 - Mitología

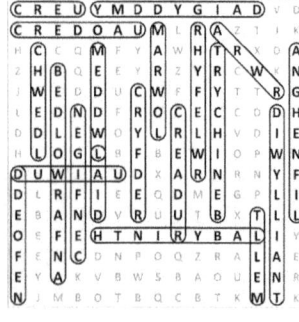

## 23 - Ecología

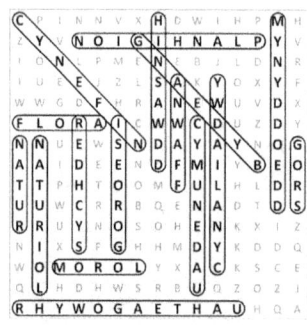

## 24 - Casa

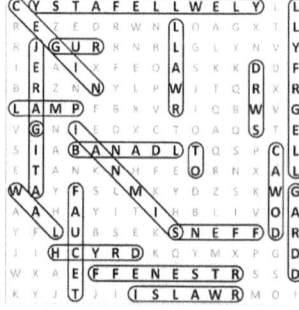

## 25 - Salud y Bienestar #2

## 26 - Selva Tropical

## 27 - Colores

## 28 - Adjetivos #1

## 29 - Familia

## 30 - Disciplinas Científicas

## 31 - Cocina

## 32 - Moda

## 33 - Electricidad

## 34 - Salud y Bienestar #1

## 35 - Adjetivos #2

## 36 - Cuerpo Humano

## 37 - Calentamiento GI

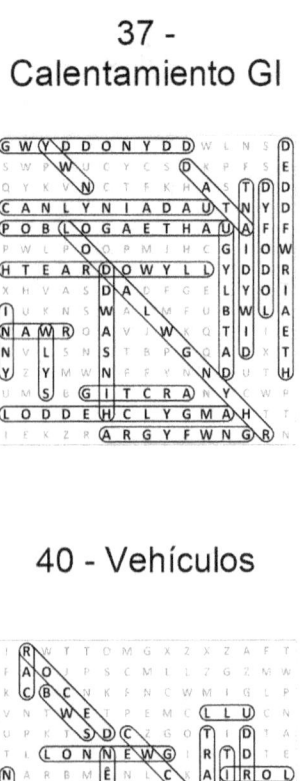

## 38 - Ciencia

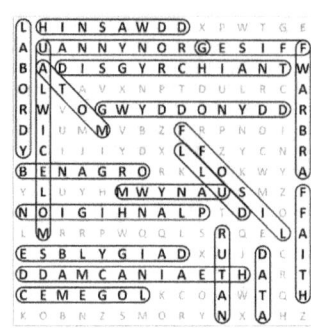

## 39 - Profesiones #1

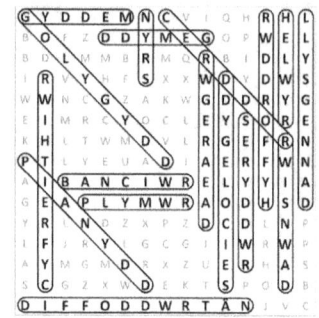

## 40 - Vehículos

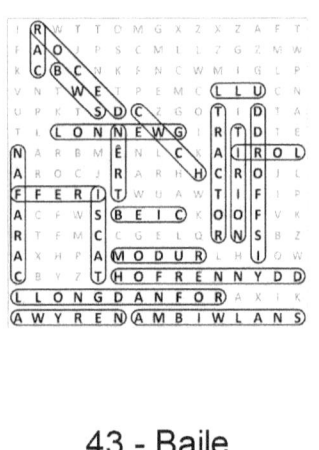

## 41 - Geometría

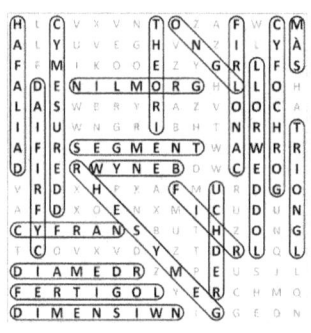

## 42 - Vacaciones #2

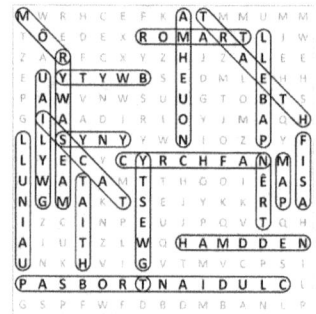

## 43 - Baile

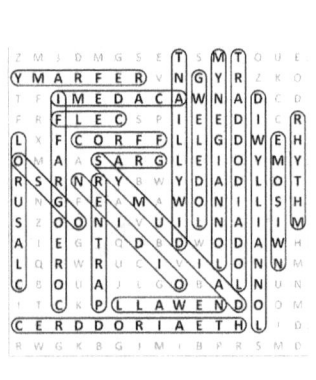

## 44 - Matemáticas

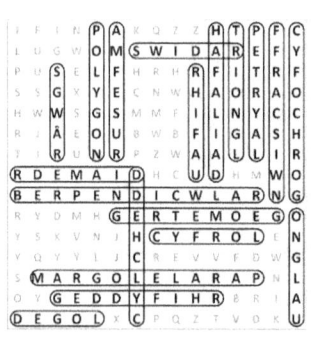

## 45 - Profesiones #2

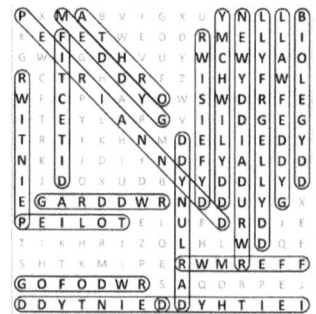

## 46 - Naturaleza

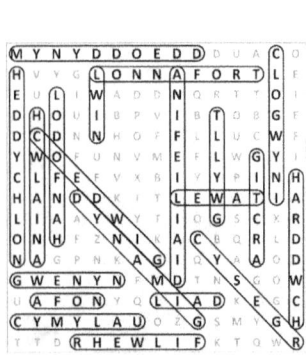

## 47 - Conduciendo

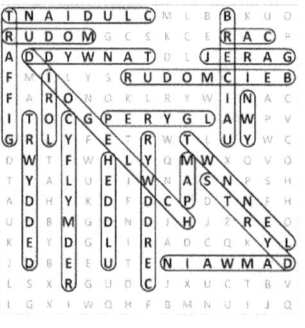

## 48 - Ballet

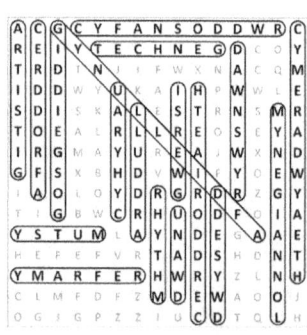

## 49 - Fuerza y Gravedad

## 50 - Aventura

## 51 - Pájaros

## 52 - Geografía

## 53 - Música

## 54 - Enfermedad

## 55 - Actividades

## 56 - Verduras

## 57 - Astronomía

## 58 - Tiempo

## 59 - Paisajes

## 60 - Días y Meses

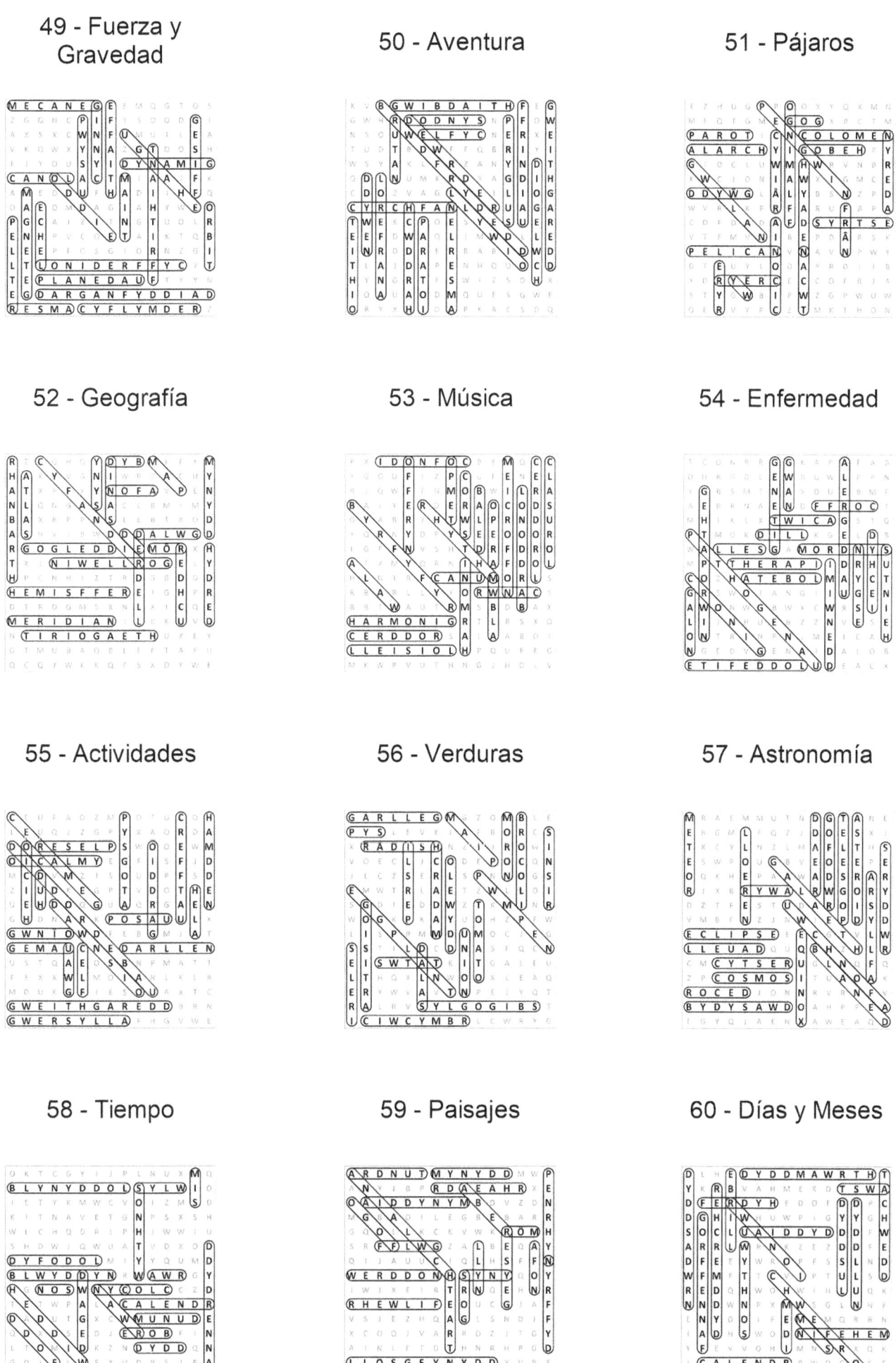

## 61 - Biología

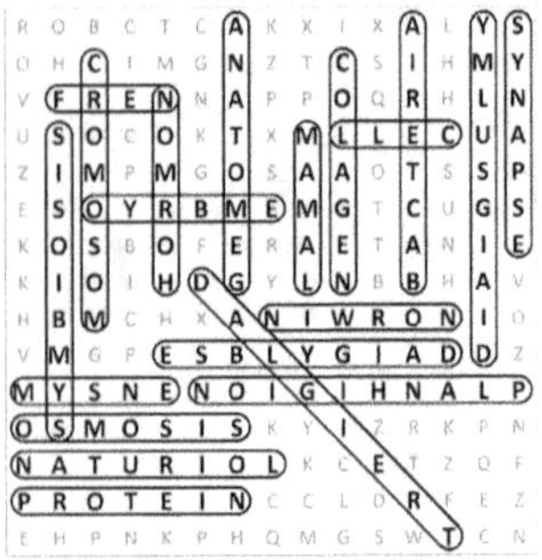

## 62 - Jardinería

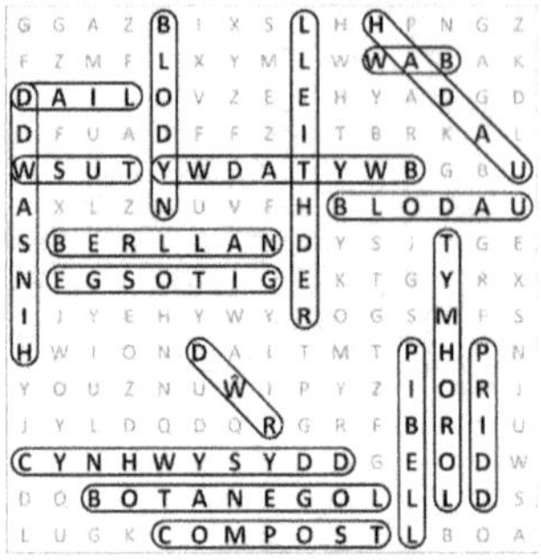

## 63 - Barbacoas

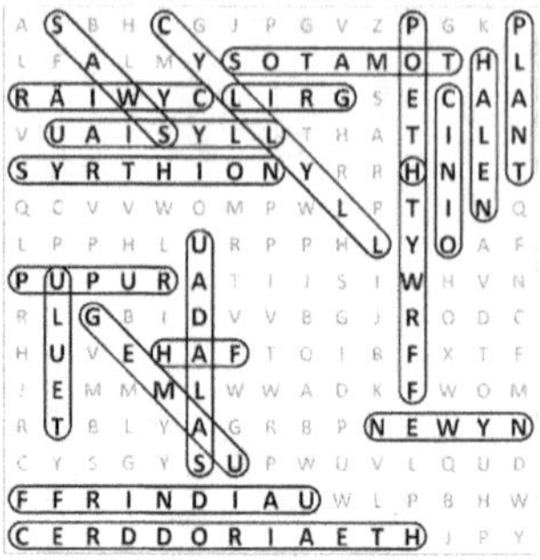

## 64 - Ropa

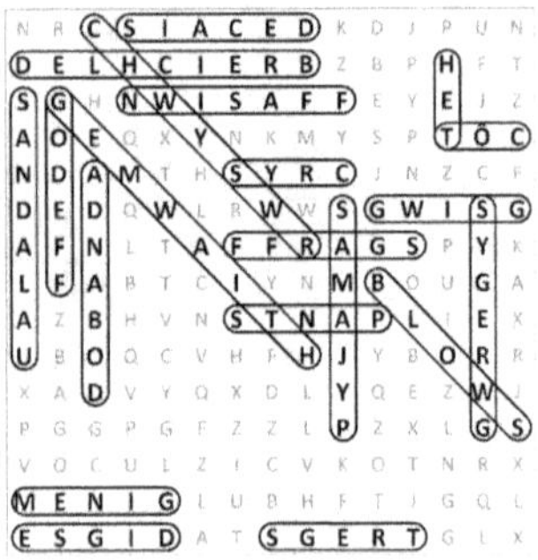

## 65 - Meditación

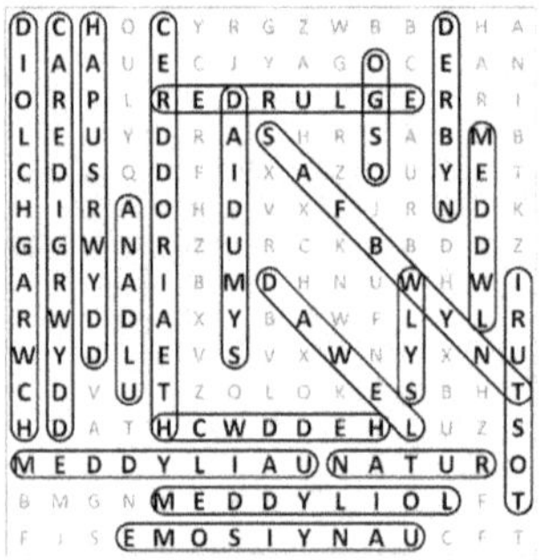

## 66 - Café

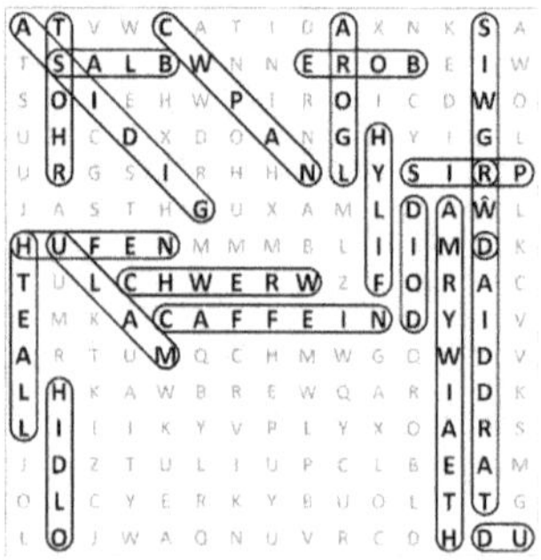

## 67 - Libros

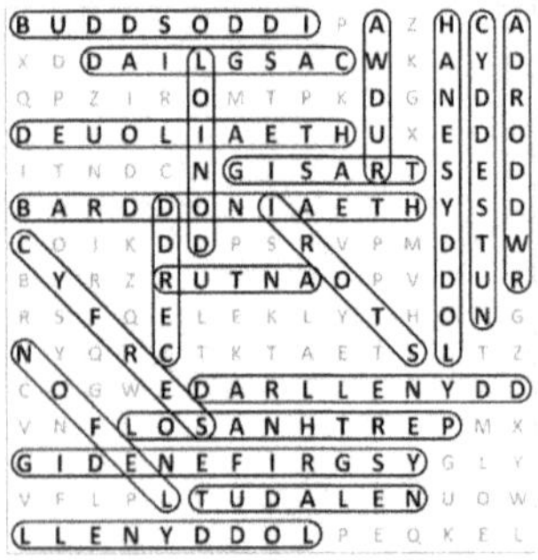

## 68 - Los Medios de Comunicación

## 69 - Nutrición

## 70 - Edificios

## 71 - Océano

## 72 - Ciudad

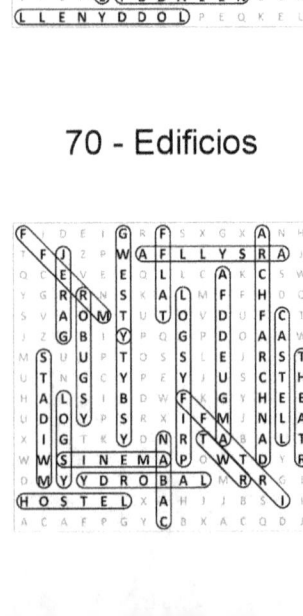
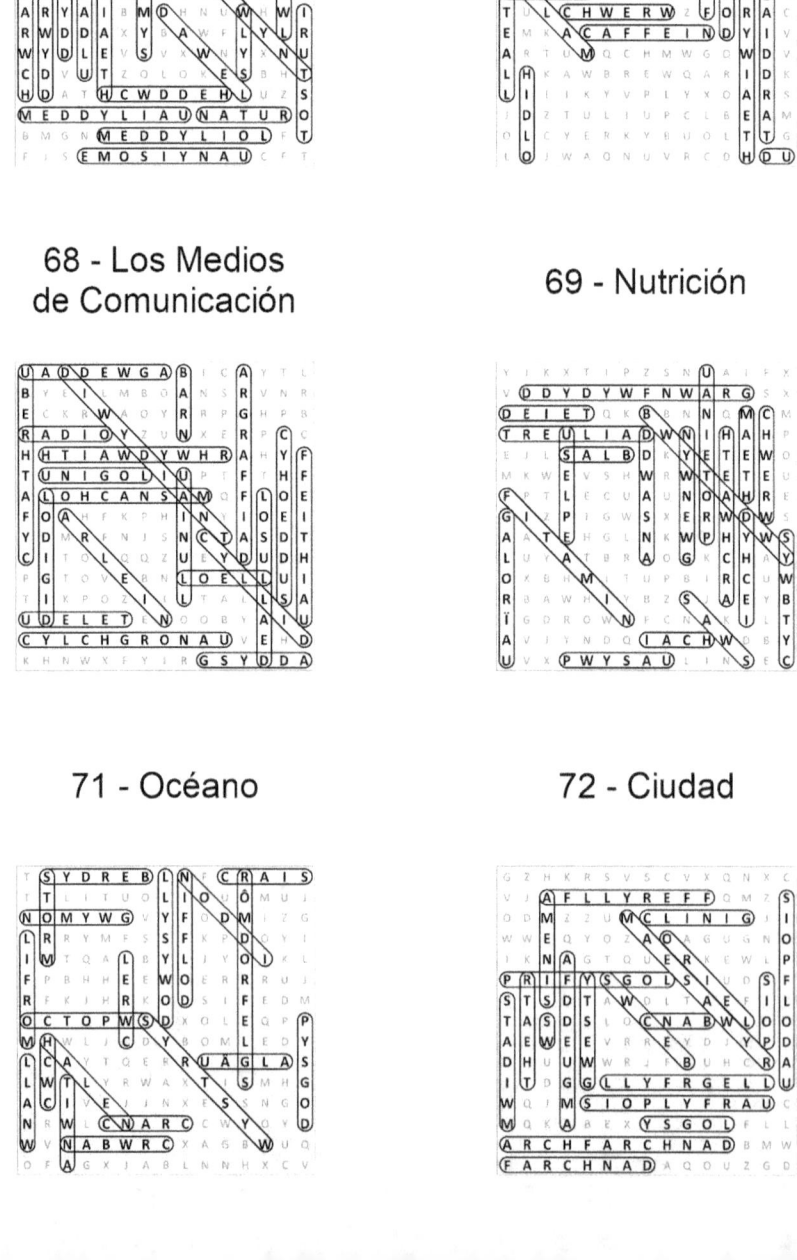

## 73 - Conservación

## 74 - Agronomía

## 75 - Deporte

## 76 - Ingeniería

## 77 - Comida #1

## 78 - Antigüedades

## 79 - Literatura

## 80 - Química

## 81 - Gobierno

## 82 - Creatividad

## 83 - Filantropía

## 84 - Clima

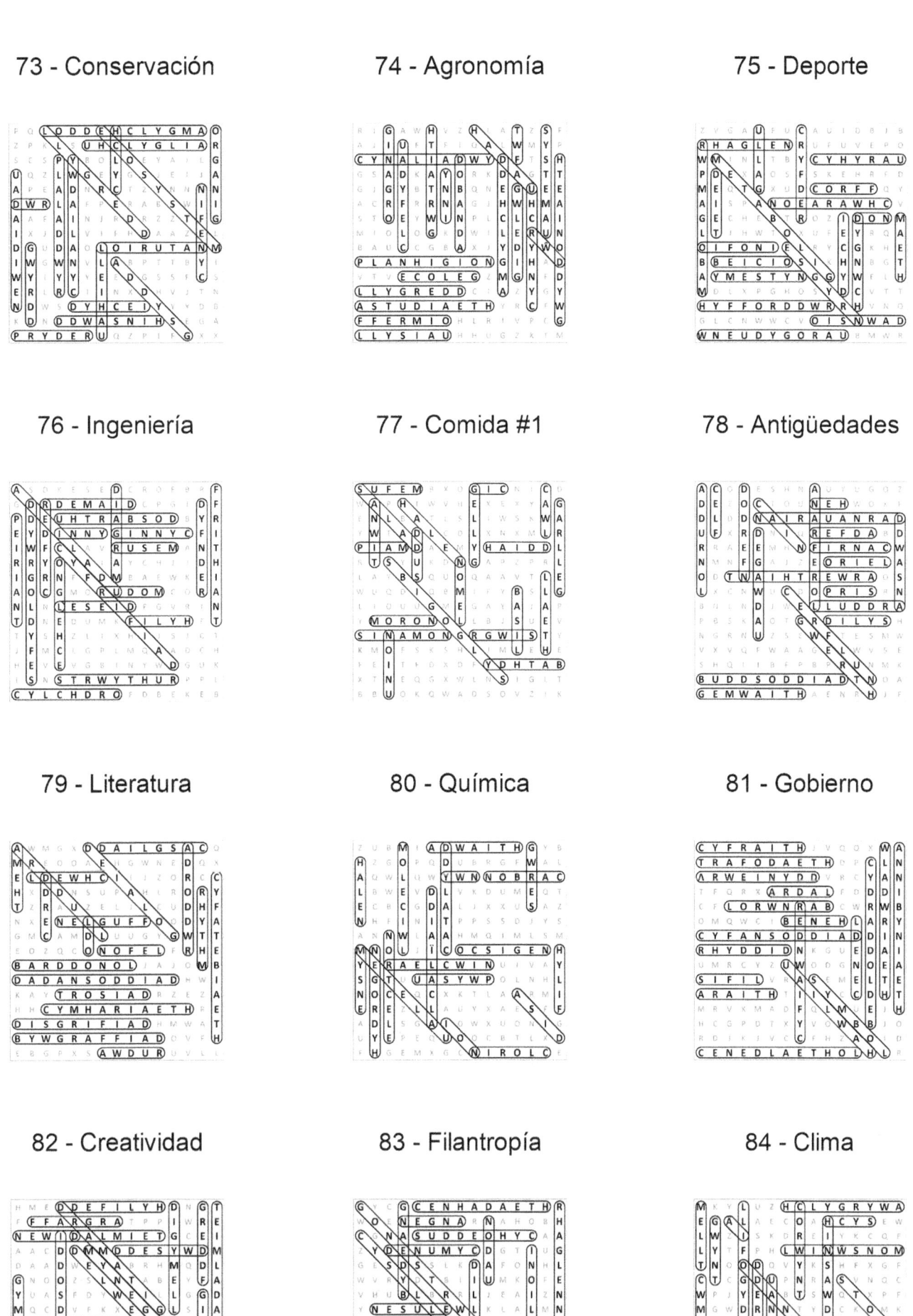

## 85 - Comida #2

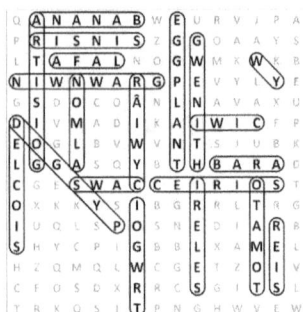

## 86 - Arte

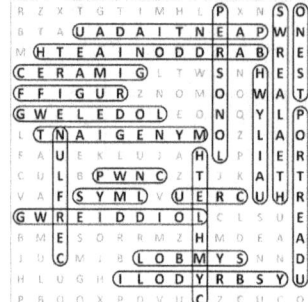

## 87 - Diplomacia

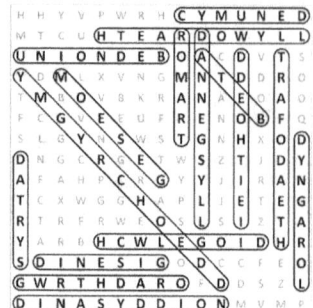

## 88 - Herboristería

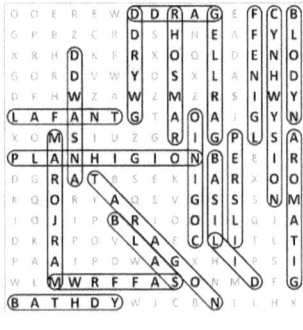

## 89 - Energía

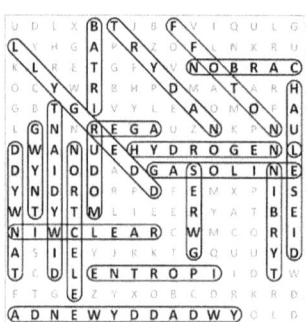

## 90 - Especias

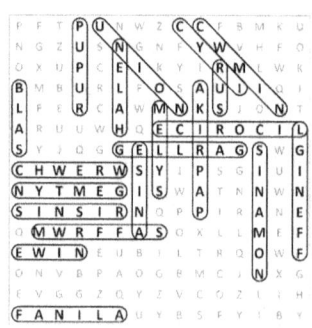

## 91 - Emociones

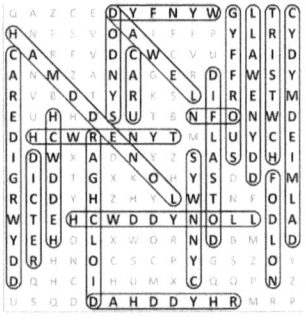

## 92 - Universo

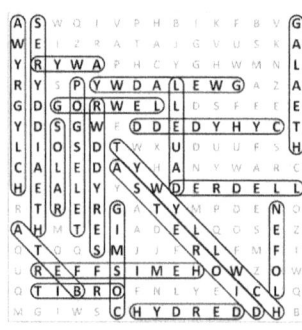

## 93 - Jazz

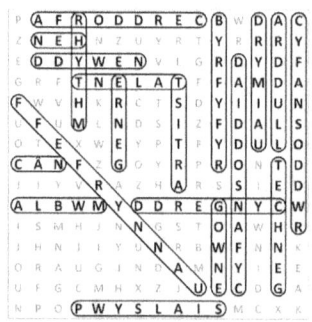

## 94 - Mediciones

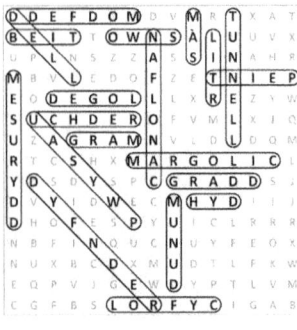

## 95 - Barcos

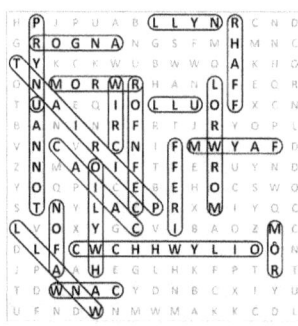

## 96 - Antártida

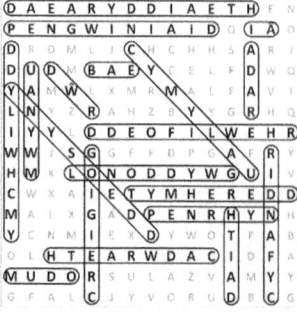

## 97 - Mamíferos

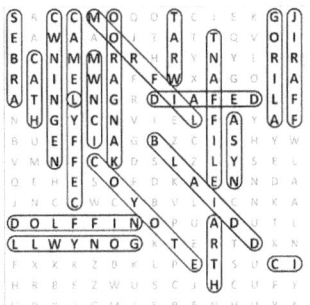

## 98 - Boxeo

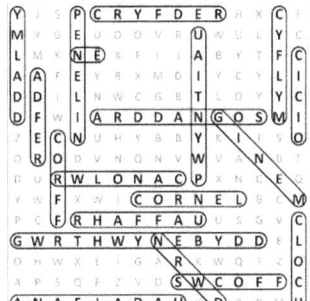

## 99 - Abejas

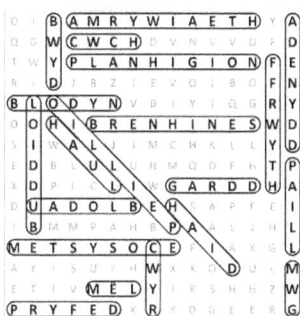

## 100 - Psicología

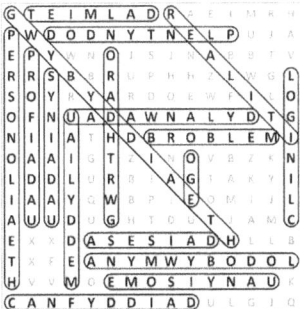

# Diccionario

## Abejas
### Gwenyn

| | |
|---|---|
| **Alas** | Adenydd |
| **Beneficioso** | Buddiol |
| **Cera** | Cwyr |
| **Colmena** | Cwch |
| **Comida** | Bwyd |
| **Diversidad** | Amrywiaeth |
| **Ecosistema** | Ecosystem |
| **Enjambre** | Haid |
| **Flor** | Blodyn |
| **Flores** | Blodau |
| **Fruta** | Ffrwyth |
| **Humo** | Mwg |
| **Insecto** | Pryfed |
| **Jardín** | Gardd |
| **Miel** | Mêl |
| **Plantas** | Planhigion |
| **Polen** | Paill |
| **Polinizador** | Peillio |
| **Reina** | Brenhines |
| **Sol** | Haul |

## Actividades
### Gweithgareddau

| | |
|---|---|
| **Actividad** | Gweithgaredd |
| **Arte** | Celf |
| **Artesanía** | Crefftau |
| **Baile** | Dawnsio |
| **Camping** | Gwersylla |
| **Caza** | Hela |
| **Cerámica** | Cerameg |
| **Costura** | Gwnïo |
| **Intereses** | Diddordebau |
| **Jardinería** | Garddio |
| **Juegos** | Gemau |
| **Lectura** | Darllen |
| **Magia** | Hud |
| **Ocio** | Hamdden |
| **Pesca** | Pysgota |
| **Placer** | Pleser |
| **Relajación** | Ymlacio |
| **Rompecabezas** | Posau |
| **Senderismo** | Heicio |
| **Tejer** | Gwau |

## Adjetivos #1
### Ansoddeiriau # 1

| | |
|---|---|
| **Absoluto** | Absoliwt |
| **Activo** | Gweithredol |
| **Ambicioso** | Uchelgeisiol |
| **Aromático** | Aromatig |
| **Atractivo** | Deniadol |
| **Brillante** | Llachar |
| **Enorme** | Enfawr |
| **Generoso** | Hael |
| **Grande** | Mawr |
| **Honesto** | Onest |
| **Importante** | Pwysig |
| **Inocente** | Diniwed |
| **Joven** | Ifanc |
| **Lento** | Araf |
| **Moderno** | Modern |
| **Oscuro** | Tywyll |
| **Perfecto** | Perffaith |
| **Pesado** | Trwm |
| **Serio** | Difrifol |
| **Valioso** | Gwerthfawr |

## Adjetivos #2
### Ansoddeiriau # 2

| | |
|---|---|
| **Cansado** | Flinedig |
| **Comestible** | Bwytadwy |
| **Creativo** | Creadigol |
| **Descriptivo** | Disgrifiadol |
| **Dramático** | Dramatig |
| **Elegante** | Cain |
| **Famoso** | Enwog |
| **Fresco** | Ffres |
| **Fuerte** | Cryf |
| **Interesante** | Diddorol |
| **Natural** | Naturiol |
| **Normal** | Arferol |
| **Nuevo** | Newydd |
| **Orgulloso** | Falch |
| **Picante** | Sbeislyd |
| **Productivo** | Cynhyrchiol |
| **Responsable** | Cyfrifol |
| **Salado** | Hallt |
| **Saludable** | Iach |
| **Seco** | Sych |

## Agronomía
### Agronomeg

| | |
|---|---|
| **Agricultura** | Ffermio |
| **Agua** | Dŵr |
| **Ciencia** | Gwyddoniaeth |
| **Contaminación** | Llygredd |
| **Crecimiento** | Twf |
| **Ecología** | Ecoleg |
| **Energía** | Ynni |
| **Enfermedades** | Clefydau |
| **Estudio** | Astudiaeth |
| **Fertilizante** | Gwrtaith |
| **Identificación** | Adnabod |
| **Medio Ambiente** | Amgylchedd |
| **Orgánico** | Organig |
| **Plantas** | Planhigion |
| **Producción** | Cynhyrchu |
| **Rural** | Gwledig |
| **Semillas** | Hadau |
| **Sistemas** | Systemau |
| **Sostenible** | Cynaliadwy |
| **Verduras** | Llysiau |

## Antártida
### Antarctica

| | |
|---|---|
| **Agua** | Dŵr |
| **Bahía** | Bae |
| **Científico** | Gwyddonol |
| **Conservación** | Cadwraeth |
| **Continente** | Cyfandir |
| **Expedición** | Daith |
| **Geografía** | Daearyddiaeth |
| **Glaciares** | Rhewlifoedd |
| **Hielo** | Iâ |
| **Investigador** | Ymchwilydd |
| **Islas** | Ynysoedd |
| **Migración** | Mudo |
| **Minerales** | Mwynau |
| **Nubes** | Cymylau |
| **Pájaros** | Adar |
| **Península** | Penrhyn |
| **Pingüinos** | Pengwiniaid |
| **Rocoso** | Creigiog |
| **Temperatura** | Tymheredd |
| **Topografía** | Topograffeg |

## Antigüedades
### Hynafiaethau

| | |
|---|---|
| **Arte** | Celf |
| **Auténtico** | Dilys |
| **Calidad** | Ansawdd |
| **Decorativo** | Addurnol |
| **Décadas** | Degawdau |
| **Elegante** | Cain |
| **Escultura** | Cerflun |
| **Estilo** | Arddull |
| **Galería** | Oriel |
| **Inusual** | Anarferol |
| **Inversión** | Buddsoddiad |
| **Joyas** | Gemwaith |
| **Monedas** | Darnau Arian |
| **Mueble** | Dodrefn |
| **Precio** | Pris |
| **Restauración** | Adfer |
| **Siglo** | Canrif |
| **Subasta** | Arwerthiant |
| **Valor** | Gwerth |
| **Viejo** | Hen |

## Arqueología
### Archeoleg

| | |
|---|---|
| **Análisis** | Dadansoddiad |
| **Antigüedad** | Hynafiaeth |
| **Años** | Blynyddoedd |
| **Civilización** | Gwareiddiad |
| **Descendiente** | Disgynnydd |
| **Desconocido** | Anhysbys |
| **Equipo** | Tîm |
| **Era** | Cyfnod |
| **Evaluación** | Gwerthuso |
| **Experto** | Arbenigwr |
| **Fósil** | Ffosil |
| **Huesos** | Esgyrn |
| **Investigador** | Ymchwilydd |
| **Misterio** | Dirgelwch |
| **Objetos** | Gwrthrychau |
| **Olvidado** | Anghofio |
| **Profesor** | Athro |
| **Reliquia** | Crair |
| **Templo** | Deml |
| **Tumba** | Bedd |

## Arte
### Celf

| | |
|---|---|
| **Cerámica** | Ceramig |
| **Complejo** | Cymhleth |
| **Composición** | Cyfansoddiad |
| **Crear** | Creu |
| **Escultura** | Cerflun |
| **Expresión** | Mynegiant |
| **Figura** | Ffigur |
| **Honesto** | Onest |
| **Humor** | Hwyliau |
| **Inspirado** | Ysbrydoli |
| **Original** | Gwreiddiol |
| **Personal** | Personol |
| **Pinturas** | Paentiadau |
| **Poesía** | Barddoniaeth |
| **Retratar** | Portreadu |
| **Sencillo** | Syml |
| **Símbolo** | Symbol |
| **Surrealismo** | Swrealaeth |
| **Tema** | Pwnc |
| **Visual** | Gweledol |

## Astronomía
### Seryddiaeth

| | |
|---|---|
| **Asteroide** | Asteroid |
| **Astronauta** | Gofodwr |
| **Astrónomo** | Seryddwr |
| **Cielo** | Awyr |
| **Cohete** | Roced |
| **Constelación** | Cytser |
| **Cosmos** | Cosmos |
| **Eclipse** | Eclipse |
| **Equinoccio** | Equinox |
| **Galaxia** | Galaeth |
| **Luna** | Lleuad |
| **Meteoro** | Meteor |
| **Observatorio** | Arsyllfa |
| **Planeta** | Blaned |
| **Radiación** | Ymbelydredd |
| **Satélite** | Lloeren |
| **Supernova** | Uwchnofa |
| **Telescopio** | Telesgop |
| **Tierra** | Ddaear |
| **Universo** | Bydysawd |

## Aventura
### Antur

| | |
|---|---|
| **Actividad** | Gweithgaredd |
| **Alegría** | Llawenydd |
| **Amigos** | Ffrindiau |
| **Belleza** | Harddwch |
| **Destino** | Cyrchfan |
| **Dificultad** | Anhawster |
| **Entusiasmo** | Brwdfrydedd |
| **Excursión** | Gwibdaith |
| **Inusual** | Anarferol |
| **Itinerario** | Amserlen |
| **Naturaleza** | Natur |
| **Navegación** | Llywio |
| **Nuevo** | Newydd |
| **Oportunidad** | Cyfle |
| **Peligroso** | Peryglus |
| **Preparación** | Paratoi |
| **Seguridad** | Diogelwch |
| **Sorprendente** | Syndod |
| **Valentía** | Dewrder |
| **Viajes** | Teithio |

## Aviones
### Awyrennau

| | |
|---|---|
| **Altura** | Uchder |
| **Aterrizaje** | Glanio |
| **Atmósfera** | Awyrgylch |
| **Aventura** | Antur |
| **Cielo** | Awyr |
| **Combustible** | Tanwydd |
| **Construcción** | Adeiladu |
| **Dirección** | Cyfeiriad |
| **Diseño** | Dylunio |
| **Globo** | Balŵn |
| **Hélices** | Cynigion |
| **Hidrógeno** | Hydrogen |
| **Historia** | Hanes |
| **Inflar** | Chwyddo |
| **Motor** | Peiriant |
| **Navegar** | Lywio |
| **Pasajero** | Teithwyr |
| **Piloto** | Peilot |
| **Tripulación** | Criw |
| **Turbulencia** | Cynnwrf |

## Álgebra
### Algebra

| | | | |
|---|---|---|---|
| **Adición** | Ychwanegiad |
| **Cantidad** | Maint |
| **Cero** | Sero |
| **Diagrama** | Diagram |
| **Ecuación** | Hafaliad |
| **Factor** | Ffactor |
| **Falso** | Ffug |
| **Fórmula** | Fformiwla |
| **Fracción** | Ffracsiwn |
| **Infinito** | Anfeidrol |
| **Lineal** | Llinol |
| **Matriz** | Matrics |
| **Número** | Rhif |
| **Paréntesis** | Parenthesis |
| **Problema** | Broblem |
| **Resolver** | Datrys |
| **Resta** | Tynnu |
| **Simplificar** | Symleiddio |
| **Solución** | Ateb |
| **Variable** | Newidyn |

## Baile
### Dawns

| | |
|---|---|
| **Academia** | Academi |
| **Alegre** | Llawen |
| **Arte** | Celf |
| **Clásico** | Clasurol |
| **Coreografía** | Coreograffi |
| **Cuerpo** | Corff |
| **Cultura** | Diwylliant |
| **Cultural** | Diwylliannol |
| **Emoción** | Emosiwn |
| **Ensayo** | Ymarfer |
| **Expresivo** | Mynegiannol |
| **Gracia** | Gras |
| **Movimiento** | Symudiad |
| **Música** | Cerddoriaeth |
| **Postura** | Osgo |
| **Ritmo** | Rhythm |
| **Saltar** | Neidio |
| **Socio** | Partner |
| **Tradicional** | Traddodiadol |
| **Visual** | Gweledol |

## Ballet
### Bale

| | |
|---|---|
| **Agraciado** | Gosgeiddig |
| **Aplauso** | Cymeradwyaeth |
| **Artístico** | Artistig |
| **Audiencia** | Gynulleidfa |
| **Bailarines** | Dawnswyr |
| **Compositor** | Cyfansoddwr |
| **Coreografía** | Coreograffi |
| **Ensayo** | Ymarfer |
| **Estilo** | Arddull |
| **Expresivo** | Mynegiannol |
| **Gesto** | Ystum |
| **Intensidad** | Dwysedd |
| **Lecciones** | Gwersi |
| **Músculos** | Cyhyrau |
| **Música** | Cerddoriaeth |
| **Orquesta** | Cerddorfa |
| **Ritmo** | Rhythm |
| **Solo** | Unawd |
| **Técnica** | Techneg |

## Barbacoas
### Barbeciws

| | |
|---|---|
| **Amigos** | Ffrindiau |
| **Caliente** | Poeth |
| **Cebollas** | Syrthion |
| **Cena** | Cinio |
| **Cuchillos** | Cyllyll |
| **Ensaladas** | Saladau |
| **Familia** | Teulu |
| **Fruta** | Ffrwyth |
| **Hambre** | Newyn |
| **Juegos** | Gemau |
| **Música** | Cerddoriaeth |
| **Niños** | Plant |
| **Parrilla** | Gril |
| **Pimienta** | Pupur |
| **Pollo** | Cyw lâr |
| **Sal** | Halen |
| **Salsa** | Saws |
| **Tomates** | Tomatos |
| **Verano** | Haf |
| **Verduras** | Llysiau |

## Barcos
### Cychod

| | |
|---|---|
| **Ancla** | Angor |
| **Balsa** | Llu |
| **Boya** | Prynu |
| **Canoa** | Canŵ |
| **Cuerda** | Rhaff |
| **Ferry** | Fferi |
| **Kayak** | Caiac |
| **Lago** | Llyn |
| **Mar** | Môr |
| **Marea** | Llanw |
| **Marinero** | Morwr |
| **Mástil** | Mwyaf |
| **Motor** | Peiriant |
| **Náutico** | Morwrol |
| **Océano** | Cefnfor |
| **Olas** | Tonnau |
| **Río** | Afon |
| **Tripulación** | Criw |
| **Velero** | Cwch Hwylio |
| **Yate** | Hwylio |

## Belleza
### Harddwch

| | |
|---|---|
| **Aceites** | Olewau |
| **Aroma** | Arogl |
| **Champú** | Siamp |
| **Color** | Lliw |
| **Cosméticos** | Colur |
| **Elegancia** | Ceinder |
| **Elegante** | Cain |
| **Encanto** | Swyn |
| **Espejo** | Drych |
| **Estilista** | Steilydd |
| **Fotogénico** | Ffotogenig |
| **Fragancia** | Fragrance |
| **Gracia** | Gras |
| **Maquillaje** | Cyfansoddiad |
| **Piel** | Croen |
| **Pintalabios** | Minlliw |
| **Rizos** | Curls |
| **Rímel** | Mascara |
| **Servicios** | Gwasanaethau |
| **Tijeras** | Siswrn |

### Biología
Bioleg

| | |
|---|---|
| **Anatomía** | Anatomeg |
| **Bacterias** | Bacteria |
| **Celda** | Cell |
| **Colágeno** | Colagen |
| **Cromosoma** | Cromosom |
| **Embrión** | Embryo |
| **Enzima** | Ensym |
| **Evolución** | Esblygiad |
| **Hormona** | Hormon |
| **Mamífero** | Mamal |
| **Mutación** | Treiglad |
| **Natural** | Naturiol |
| **Nervio** | Nerf |
| **Neurona** | Niwron |
| **Ósmosis** | Osmosis |
| **Plantas** | Planhigion |
| **Proteína** | Protein |
| **Reptil** | Ymlusgiaid |
| **Simbiosis** | Symbiosis |
| **Sinapsis** | Synapse |

### Boxeo
Paffio

| | |
|---|---|
| **Árbitro** | Canolwr |
| **Barbilla** | Ên |
| **Campana** | Cloch |
| **Centrar** | Ffocws |
| **Codo** | Penelin |
| **Cuerdas** | Rhaffau |
| **Cuerpo** | Corff |
| **Esquina** | Cornel |
| **Exhausto** | Arddangos |
| **Fuerza** | Cryfder |
| **Guantes** | Menig |
| **Lesiones** | Anafiadau |
| **Luchador** | Ymladd |
| **Oponente** | Gwrthwynebydd |
| **Patear** | Cicio |
| **Puntos** | Pwyntiau |
| **Puño** | Dwrn |
| **Rápido** | Cyflym |
| **Recuperación** | Adfer |

### Café
Coffi

| | |
|---|---|
| **Agua** | Dŵr |
| **Amargo** | Chwerw |
| **Aroma** | Arogl |
| **Asado** | Rhost |
| **Azúcar** | Siwgr |
| **Ácido** | Asidig |
| **Bebida** | Diod |
| **Cafeína** | Caffein |
| **Crema** | Hufen |
| **Filtro** | Hidlo |
| **Leche** | Llaeth |
| **Líquido** | Hylif |
| **Mañana** | Bore |
| **Moler** | Malu |
| **Negro** | Du |
| **Origen** | Tarddiad |
| **Precio** | Pris |
| **Sabor** | Blas |
| **Taza** | Cwpan |
| **Variedad** | Amrywiaeth |

### Calentamiento Global
Cynhesu Byd-Eang

| | |
|---|---|
| **Ahora** | Nawr |
| **Ambiental** | Amgylcheddol |
| **Atención** | Sylw |
| **Ártico** | Arctig |
| **Científico** | Gwyddonydd |
| **Clima** | Hinsawdd |
| **Consecuencias** | Canlyniadau |
| **Crisis** | Argyfwng |
| **Datos** | Data |
| **Desarrollo** | Datblygu |
| **Energía** | Ynni |
| **Futuro** | Dyfodol |
| **Gas** | Nwy |
| **Generaciones** | Cenedlaethau |
| **Gobierno** | Llywodraeth |
| **Industria** | Diwydiant |
| **Internacional** | Rhyngwladol |
| **Legislación** | Deddfwriaeth |
| **Poblaciones** | Poblogaethau |
| **Temperaturas** | Tymheredd |

### Camping
Gwersylla

| | |
|---|---|
| **Animales** | Anifeiliaid |
| **Aventura** | Antur |
| **Árboles** | Coed |
| **Bosque** | Coedwig |
| **Brújula** | Cwmpawd |
| **Cabina** | Caban |
| **Canoa** | Canŵ |
| **Caza** | Hela |
| **Cuerda** | Rhaff |
| **Equipo** | Offer |
| **Fuego** | Tân |
| **Hamaca** | Hammock |
| **Insecto** | Pryfed |
| **Lago** | Llyn |
| **Linterna** | Llusern |
| **Luna** | Lleuad |
| **Mapa** | Map |
| **Montaña** | Mynydd |
| **Naturaleza** | Natur |
| **Sombrero** | Het |

### Casa
Tŷ

| | |
|---|---|
| **Alfombra** | Rug |
| **Ático** | Atig |
| **Biblioteca** | Llyfrgell |
| **Chimenea** | Simnai |
| **Cocina** | Cegin |
| **Dormitorio** | Ystafell Wely |
| **Ducha** | Cawod |
| **Escoba** | Banadl |
| **Espejo** | Drych |
| **Garaje** | Garej |
| **Grifo** | Faucet |
| **Jardín** | Gardd |
| **Lámpara** | Lamp |
| **Pared** | Wal |
| **Piso** | Llawr |
| **Puerta** | Drws |
| **Sótano** | Islawr |
| **Techo** | To |
| **Valla** | Ffens |
| **Ventana** | Ffenestr |

## Ciencia
### Gwyddoniaeth

| | |
|---|---|
| **Átomo** | Atom |
| **Científico** | Gwyddonydd |
| **Clima** | Hinsawdd |
| **Datos** | Data |
| **Evolución** | Esblygiad |
| **Experimento** | Arbrawf |
| **Física** | Ffiseg |
| **Fósil** | Ffosil |
| **Gravedad** | Disgyrchiant |
| **Hecho** | Ffaith |
| **Hipótesis** | Ddamcaniaeth |
| **Laboratorio** | Labordy |
| **Método** | Dull |
| **Minerales** | Mwynau |
| **Moléculas** | Moleciwlau |
| **Naturaleza** | Natur |
| **Organismo** | Organeb |
| **Partículas** | Gronynnau |
| **Plantas** | Planhigion |
| **Químico** | Cemegol |

## Ciencia Ficción
### Ffuglen Gwyddoniaeth

| | |
|---|---|
| **Atómico** | Atomig |
| **Cine** | Sinema |
| **Distante** | Pell |
| **Explosión** | Ffrwydrad |
| **Extremo** | Eithafol |
| **Fantástico** | Gwych |
| **Fuego** | Tân |
| **Futurista** | Dyfodolaidd |
| **Galaxia** | Galaeth |
| **Ilusión** | Rhith |
| **Imaginario** | Dychmygol |
| **Libros** | Llyfrau |
| **Misterioso** | Dirgel |
| **Mundo** | Byd |
| **Oráculo** | Oracle |
| **Planeta** | Blaned |
| **Realista** | Realistig |
| **Robots** | Robotiaid |
| **Tecnología** | Technoleg |
| **Utopía** | Utopia |

## Ciudad
### Y Dref

| | |
|---|---|
| **Aeropuerto** | Maes Awyr |
| **Banco** | Banc |
| **Biblioteca** | Llyfrgell |
| **Cine** | Sinema |
| **Clínica** | Clinig |
| **Escuela** | Ysgol |
| **Estadio** | Stadiwm |
| **Farmacia** | Fferyllfa |
| **Florista** | Siop Flodau |
| **Galería** | Oriel |
| **Hotel** | Gwesty |
| **Librería** | Siop Lyfrau |
| **Mercado** | Farchnad |
| **Museo** | Amgueddfa |
| **Panadería** | Becws |
| **Supermercado** | Archfarchnad |
| **Teatro** | Theatr |
| **Tienda** | Siop |
| **Universidad** | Prifysgol |
| **Zoo** | Sw |

## Clima
### Tywydd

| | |
|---|---|
| **Atmósfera** | Awyrgylch |
| **Brisa** | Awel |
| **Cielo** | Awyr |
| **Clima** | Hinsawdd |
| **Hielo** | Iâ |
| **Huracán** | Corwynt |
| **Inundación** | Llifogydd |
| **Monzón** | Monsŵn |
| **Niebla** | Niwl |
| **Nube** | Cwmwl |
| **Polar** | Polar |
| **Rayo** | Mellt |
| **Seco** | Sych |
| **Sequía** | Sychder |
| **Temperatura** | Tymheredd |
| **Tormenta** | Storm |
| **Tornado** | Tornado |
| **Tropical** | Trofannol |
| **Trueno** | Taranau |
| **Viento** | Gwynt |

## Cocina
### Cegin

| | |
|---|---|
| **Caldera** | Tegell |
| **Comida** | Bwyd |
| **Congelador** | Rhewgell |
| **Cucharas** | Llwyau |
| **Cucharón** | Lletwad |
| **Cuchillos** | Cyllyll |
| **Delantal** | Ffedog |
| **Especias** | Sbeisys |
| **Esponja** | Noddi |
| **Horno** | Popty |
| **Jarra** | Jwg |
| **Palillos** | Chopsticks |
| **Parrilla** | Gril |
| **Receta** | Rysáit |
| **Refrigerador** | Oergell |
| **Servilleta** | Napcyn |
| **Tarro** | Jar |
| **Tazas** | Cwpanau |
| **Tazón** | Bowl |
| **Tenedores** | Ffyrc |

## Colores
### Lliwiau

| | |
|---|---|
| **Amarillo** | Melyn |
| **Azul** | Glas |
| **Azur** | Asur |
| **Beige** | Llwydfelyn |
| **Blanco** | Gwyn |
| **Cian** | Gwyrddlas |
| **Fucsia** | Dyfwyr |
| **Gris** | Llwyd |
| **Índigo** | Indigo |
| **Magenta** | Magenta |
| **Marrón** | Brown |
| **Naranja** | Oren |
| **Negro** | Du |
| **Púrpura** | Porffor |
| **Rojo** | Coch |
| **Rosa** | Pinc |
| **Sepia** | Sepia |
| **Verde** | Gwyrdd |
| **Violeta** | Fioled |

## Comida #1
### Bwyd # 1

| | |
|---|---|
| **Ajo** | Garlleg |
| **Albahaca** | Basil |
| **Atún** | Tiwna |
| **Azúcar** | Siwgr |
| **Canela** | Sinamon |
| **Carne** | Cig |
| **Cebada** | Haidd |
| **Cebolla** | Union |
| **Ensalada** | Salad |
| **Espinacas** | Sbigoglys |
| **Fresa** | Mefus |
| **Jugo** | Sudd |
| **Leche** | Llaeth |
| **Limón** | Lemon |
| **Menta** | Bathdy |
| **Nabo** | Maip |
| **Pera** | Gellyg |
| **Sal** | Halen |
| **Sopa** | Cawl |
| **Zanahoria** | Moron |

## Comida #2
### Bwyd # 2

| | |
|---|---|
| **Alcachofa** | Artisiog |
| **Almendra** | Almon |
| **Apio** | Seleri |
| **Arroz** | Reis |
| **Berenjena** | Eggplant |
| **Cereza** | Ceirios |
| **Chocolate** | Siocled |
| **Huevo** | Wy |
| **Jengibre** | Sinsir |
| **Kiwi** | Ciwi |
| **Manzana** | Afal |
| **Pan** | Bara |
| **Pescado** | Pysgod |
| **Plátano** | Banana |
| **Pollo** | Cyw lâr |
| **Queso** | Caws |
| **Tomate** | Tomato |
| **Trigo** | Gwenith |
| **Uva** | Grawnwin |
| **Yogur** | Iogwrt |

## Conduciendo
### Gyrru

| | |
|---|---|
| **Accidente** | Damwain |
| **Calle** | Stryd |
| **Camión** | Lori |
| **Coche** | Car |
| **Combustible** | Tanwydd |
| **Frenos** | Breciau |
| **Garaje** | Garej |
| **Gas** | Nwy |
| **Licencia** | Trwydded |
| **Mapa** | Map |
| **Motocicleta** | Beic Modur |
| **Motor** | Modur |
| **Peatonal** | Cerddwyr |
| **Peligro** | Perygl |
| **Policía** | Heddlu |
| **Seguridad** | Diogelwch |
| **Transporte** | Cludiant |
| **Tráfico** | Traffig |
| **Túnel** | Twnnel |
| **Velocidad** | Cyflymder |

## Conservación
### Cadwraeth

| | |
|---|---|
| **Agua** | Dŵr |
| **Ambiental** | Amgylcheddol |
| **Cambios** | Newidiadau |
| **Ciclo** | Cylch |
| **Clima** | Hinsawdd |
| **Contaminación** | Llygredd |
| **Ecosistema** | Ecosystem |
| **Educación** | Addysg |
| **Hábitat** | Cynefin |
| **Natural** | Naturiol |
| **Orgánico** | Organig |
| **Pesticida** | Plaladdwyr |
| **Preocupación** | Pryder |
| **Reciclar** | Ailgylchu |
| **Reducir** | Lleihau |
| **Salud** | Iechyd |
| **Sostenible** | Cynaliadwy |
| **Verde** | Gwyrdd |
| **Voluntario** | Gwirfoddolwr |

## Creatividad
### Creadigrwydd

| | |
|---|---|
| **Artístico** | Artistig |
| **Autenticidad** | Dilysrwydd |
| **Cambiando** | Newid |
| **Claridad** | Eglurder |
| **Dramático** | Dramatig |
| **Emociones** | Emosiynau |
| **Espontáneo** | Digymell |
| **Expresión** | Mynegiant |
| **Fluidez** | Hylifedd |
| **Ideas** | Syniadau |
| **Imagen** | Delwedd |
| **Imaginación** | Dychymyg |
| **Impresión** | Argraff |
| **Inspiración** | Ysbrydoliaeth |
| **Intensidad** | Dwysedd |
| **Intuición** | Greddf |
| **Inventivo** | Buddsoddi |
| **Sensación** | Teimlad |
| **Sentimientos** | Teimladau |
| **Vitalidad** | Bywiogrwydd |

## Cuerpo Humano
### Corff Dynol

| | |
|---|---|
| **Barbilla** | Ên |
| **Boca** | Geg |
| **Cabeza** | Pen |
| **Cara** | Wyneb |
| **Cerebro** | Ymennydd |
| **Codo** | Penelin |
| **Corazón** | Galon |
| **Cuello** | Gwddf |
| **Dedo** | Bys |
| **Hombro** | Ysgwydd |
| **Lengua** | Tafod |
| **Mano** | Llaw |
| **Nariz** | Trwyn |
| **Ojo** | Llygad |
| **Oreja** | Clust |
| **Piel** | Croen |
| **Pierna** | Coes |
| **Rodilla** | Pen-Glin |
| **Sangre** | Gwaed |
| **Tobillo** | Ffêr |

## Deporte
### Chwaraeon

| | |
|---|---|
| **Atleta** | Mabolgampwr |
| **Baile** | Dawnsio |
| **Capacidad** | Gallu |
| **Ciclismo** | Beicio |
| **Cuerpo** | Corff |
| **Deportes** | Chwaraeon |
| **Dieta** | Deiet |
| **Entrenador** | Hyfforddwr |
| **Estiramiento** | Ymestyn |
| **Fuerza** | Cryfder |
| **Huesos** | Esgyrn |
| **Maximizar** | Wneud y Gorau |
| **Meta** | Nod |
| **Metabólico** | Metabolig |
| **Músculos** | Cyhyrau |
| **Nadar** | I Nofio |
| **Nutrición** | Maeth |
| **Programa** | Rhaglen |
| **Resistencia** | Dygnwch |
| **Salud** | Iechyd |

## Diplomacia
### Diplomyddiaeth

| | |
|---|---|
| **Campañas** | Ymgyrchoedd |
| **Ciudadanos** | Dinasyddion |
| **Cívico** | Dinesig |
| **Comunidad** | Cymuned |
| **Conflicto** | Gwrthdaro |
| **Discusión** | Trafodaeth |
| **Embajador** | Llysgennad |
| **Extranjero** | Tramor |
| **Ética** | Moeseg |
| **Gobierno** | Llywodraeth |
| **Humanitario** | Dyngarol |
| **Idiomas** | Ieithoedd |
| **Integridad** | Uniondeb |
| **Justicia** | Cyfiawnder |
| **Legal** | Cyfreithiol |
| **Resolución** | Datrys |
| **Seguridad** | Diogelwch |
| **Solución** | Ateb |
| **Tratado** | Cytundeb |

## Disciplinas Científicas
### Ddisgyblaethau Gwyddonol

| | |
|---|---|
| **Anatomía** | Anatomeg |
| **Arqueología** | Archaeoleg |
| **Astronomía** | Seryddiaeth |
| **Biología** | Bioleg |
| **Bioquímica** | Biocemeg |
| **Botánica** | Llysieueg |
| **Ecología** | Ecoleg |
| **Fisiología** | Ffisioleg |
| **Geología** | Daeareg |
| **Inmunología** | Imiwnoleg |
| **Lingüística** | Ieithyddiaeth |
| **Mecánica** | Mecaneg |
| **Meteorología** | Meteoroleg |
| **Mineralogía** | Mwynglawdd |
| **Neurología** | Niwroleg |
| **Nutrición** | Maeth |
| **Psicología** | Seicoleg |
| **Química** | Cemeg |
| **Sociología** | Cymdeithaseg |
| **Zoología** | Milofyddiaeth |

## Días y Meses
### Diwrnodau a Misoedd

| | |
|---|---|
| **Abril** | Ebrill |
| **Agosto** | Awst |
| **Año** | Blwyddyn |
| **Calendario** | Calendr |
| **Domingo** | Dydd Sul |
| **Enero** | Ionawr |
| **Febrero** | Chwefror |
| **Jueves** | Dydd Iau |
| **Julio** | Gorffennaf |
| **Junio** | Mehefin |
| **Lunes** | Dydd Llun |
| **Martes** | Dydd Mawrth |
| **Mes** | Mis |
| **Miércoles** | Dydd Mercher |
| **Noviembre** | Tachwedd |
| **Octubre** | Hydref |
| **Sábado** | Dydd Sadwrn |
| **Semana** | Wythnos |
| **Septiembre** | Medi |
| **Viernes** | Dydd Gwener |

## Ecología
### Ecoleg

| | |
|---|---|
| **Clima** | Hinsawdd |
| **Comunidades** | Cymunedau |
| **Diversidad** | Amrywiaeth |
| **Especie** | Rhywogaethau |
| **Fauna** | Ffawna |
| **Flora** | Flora |
| **Global** | Byd-Eang |
| **Hábitat** | Cynefin |
| **Marino** | Morol |
| **Montañas** | Mynyddoedd |
| **Natural** | Naturiol |
| **Naturaleza** | Natur |
| **Pantano** | Gors |
| **Plantas** | Planhigion |
| **Recursos** | Adnoddau |
| **Sequía** | Sychder |
| **Sostenible** | Cynaliadwy |
| **Supervivencia** | Goroesi |
| **Vegetación** | Llystyfiant |
| **Voluntarios** | Gwirfoddolwyr |

## Edificios
### Adeiladau

| | |
|---|---|
| **Albergue** | Hostel |
| **Apartamento** | Fflat |
| **Cabina** | Caban |
| **Castillo** | Castell |
| **Cine** | Sinema |
| **Escuela** | Ysgol |
| **Estadio** | Stadiwm |
| **Fábrica** | Ffatri |
| **Garaje** | Garej |
| **Granero** | Ysgubor |
| **Granja** | Fferm |
| **Hospital** | Ysbyty |
| **Hotel** | Gwesty |
| **Laboratorio** | Labordy |
| **Museo** | Amgueddfa |
| **Observatorio** | Arsyllfa |
| **Supermercado** | Archfarchnad |
| **Teatro** | Theatr |
| **Torre** | Twr |
| **Universidad** | Prifysgol |

## Electricidad
### Trydan

| | |
|---|---|
| **Almacenamiento** | Storio |
| **Batería** | Batri |
| **Bombilla** | Bwlb |
| **Cable** | Cebl |
| **Cables** | Gwifrau |
| **Cantidad** | Maint |
| **Electricista** | Trydanwr |
| **Eléctrico** | Trydan |
| **Enchufe** | Soced |
| **Equipo** | Offer |
| **Generador** | Generadur |
| **Imán** | Magnet |
| **Lámpara** | Lamp |
| **Láser** | Laser |
| **Negativo** | Negyddol |
| **Objetos** | Gwrthrychau |
| **Positivo** | Cadarnhaol |
| **Red** | Rhwydwaith |
| **Televisión** | Teledu |
| **Teléfono** | Ffôn |

## Emociones
### Emosiynau

| | |
|---|---|
| **Aburrimiento** | Diflastod |
| **Agradecido** | Diolchgar |
| **Alegría** | Llawenydd |
| **Alivio** | Rhyddhad |
| **Amor** | Caru |
| **Beatitud** | Wynfyd |
| **Bondad** | Caredigrwydd |
| **Calma** | Dawel |
| **Contenido** | Cynnwys |
| **Emocionado** | Gyffrous |
| **Ira** | Dicter |
| **Miedo** | Ofn |
| **Paz** | Heddwch |
| **Relajado** | Hamddenol |
| **Satisfecho** | Fodlon |
| **Simpatía** | Cydymdeimlad |
| **Sorpresa** | Syndod |
| **Ternura** | Tynerwch |
| **Tranquilidad** | Llonyddwch |
| **Tristeza** | Tristwch |

## Energía
### Ynni

| | |
|---|---|
| **Batería** | Batri |
| **Calor** | Gwres |
| **Carbono** | Carbon |
| **Combustible** | Tanwydd |
| **Contaminación** | Llygredd |
| **Diesel** | Diesel |
| **Electrón** | Electron |
| **Eléctrico** | Trydan |
| **Entropía** | Entropi |
| **Fotón** | Ffoton |
| **Gasolina** | Gasoline |
| **Hidrógeno** | Hydrogen |
| **Industria** | Diwydiant |
| **Motor** | Modur |
| **Nuclear** | Niwclear |
| **Renovable** | Adnewyddadwy |
| **Sol** | Haul |
| **Turbina** | Tyrbin |
| **Vapor** | Ager |
| **Viento** | Gwynt |

## Enfermedad
### Clefyd

| | |
|---|---|
| **Agudo** | Aciwt |
| **Alergias** | Alergeddau |
| **Bienestar** | Lles |
| **Contagioso** | Heintus |
| **Corazón** | Galon |
| **Crónica** | Cronig |
| **Cuerpo** | Corff |
| **Débil** | Gwan |
| **Genético** | Genetig |
| **Hereditario** | Etifeddol |
| **Huesos** | Esgyrn |
| **Inflamación** | Llid |
| **Inmunidad** | Imiwnedd |
| **Lumbar** | Meingefnol |
| **Neuropatía** | Niwropatheg |
| **Patógenos** | Pathogenau |
| **Respiratorio** | Atebol |
| **Salud** | Iechyd |
| **Síndrome** | Syndrom |
| **Terapia** | Therapi |

## Especias
### Sbeisys

| | |
|---|---|
| **Agrio** | Sur |
| **Ajo** | Garlleg |
| **Amargo** | Chwerw |
| **Anís** | Anise |
| **Azatrán** | Saffrwm |
| **Canela** | Sinamon |
| **Cebolla** | Union |
| **Clavo** | Ewin |
| **Comino** | Cwmin |
| **Curry** | Cyri |
| **Dulce** | Melys |
| **Hinojo** | Ffenigl |
| **Jengibre** | Sinsir |
| **Nuez Moscada** | Nytmeg |
| **Pimentón** | Paprika |
| **Pimienta** | Pupur |
| **Regaliz** | Licorice |
| **Sabor** | Blas |
| **Sal** | Halen |
| **Vainilla** | Fanila |

## Familia
### Teulu

| | |
|---|---|
| **Abuela** | Nain |
| **Abuelo** | Taid |
| **Antepasado** | Hynafiad |
| **Esposa** | Gwraig |
| **Hermana** | Chwaer |
| **Hermano** | Brawd |
| **Hija** | Merch |
| **Infancia** | Plentyndod |
| **Madre** | Fam |
| **Marido** | Gŵr |
| **Materno** | Mamau |
| **Nieto** | Ŵyr |
| **Niño** | Plentyn |
| **Niños** | Plant |
| **Padre** | Tad |
| **Primo** | Cefnder |
| **Sobrina** | Nith |
| **Sobrino** | Nai |
| **Tía** | Modryb |
| **Tío** | Ewythr |

## *Filantropía*
### Dyngarwch

| | |
|---|---|
| **Caridad** | Elusen |
| **Comunidad** | Cymuned |
| **Contactos** | Cysylltiadau |
| **Finanzas** | Cyllid |
| **Fondos** | Cronfeydd |
| **Generosidad** | Haelioni |
| **Gente** | Pobl |
| **Global** | Byd-Eang |
| **Grupos** | Grwpiau |
| **Historia** | Hanes |
| **Honestidad** | Gonestrwydd |
| **Humanidad** | Dynoliaeth |
| **Juventud** | Ieuenctid |
| **Metas** | Nodau |
| **Misión** | Cenhadaeth |
| **Necesitar** | Angen |
| **Niños** | Plant |
| **Programas** | Rhaglenni |
| **Público** | Cyhoeddus |

## *Física*
### Ffiseg

| | |
|---|---|
| **Aceleración** | Cyflymiad |
| **Átomo** | Atom |
| **Caos** | Anhrefn |
| **Densidad** | Dwysedd |
| **Electrón** | Electron |
| **Fórmula** | Fformiwla |
| **Frecuencia** | Amlder |
| **Gas** | Nwy |
| **Gravedad** | Disgyrchiant |
| **Magnetismo** | Magneteg |
| **Masa** | Màs |
| **Mecánica** | Mecaneg |
| **Molécula** | Moleciwl |
| **Motor** | Peiriant |
| **Nuclear** | Niwclear |
| **Partícula** | Gronynnau |
| **Químico** | Cemegol |
| **Relatividad** | Ymlacio |
| **Universal** | Cyffredinol |
| **Velocidad** | Cyflymder |

## *Fruta*
### Ffrwythau

| | |
|---|---|
| **Aguacate** | Afocado |
| **Albaricoque** | Bricyll |
| **Baya** | Aeron |
| **Cereza** | Ceirios |
| **Ciruela** | Eirin |
| **Coco** | Cnau Coco |
| **Frambuesa** | Mafon |
| **Guayaba** | Guava |
| **Kiwi** | Ciwi |
| **Limón** | Lemon |
| **Mango** | Mango |
| **Manzana** | Afal |
| **Melocotón** | Peach |
| **Melón** | Melon |
| **Naranja** | Oren |
| **Nectarina** | Nectarine |
| **Papaya** | Papaia |
| **Pera** | Gellyg |
| **Plátano** | Banana |
| **Uva** | Grawnwin |

## *Fuerza y Gravedad*
### Heddlu a Disgyrchiant

| | |
|---|---|
| **Centro** | Canol |
| **Descubrimiento** | Darganfyddiad |
| **Dinámico** | Dynamig |
| **Distancia** | Pellter |
| **Eje** | Echel |
| **Expansión** | Ehangu |
| **Física** | Ffiseg |
| **Fricción** | Ffrithiant |
| **Impacto** | Effaith |
| **Magnetismo** | Magneteg |
| **Magnitud** | Maint |
| **Mecánica** | Mecaneg |
| **Movimiento** | Cynnig |
| **Órbita** | Orbit |
| **Planetas** | Planedau |
| **Presión** | Pwysau |
| **Propiedades** | Eiddo |
| **Tiempo** | Amser |
| **Universal** | Cyffredinol |
| **Velocidad** | Cyflymder |

## *Geografía*
### Daearyddiaeth

| | |
|---|---|
| **Altitud** | Uchder |
| **Atlas** | Atlas |
| **Ciudad** | Dinas |
| **Continente** | Cyfandir |
| **Hemisferio** | Hemisffer |
| **Isla** | Ynys |
| **Latitud** | Lledred |
| **Longitud** | Hydred |
| **Mapa** | Map |
| **Mar** | Môr |
| **Meridiano** | Meridian |
| **Montaña** | Mynydd |
| **Mundo** | Byd |
| **Norte** | Gogledd |
| **Oeste** | Gorllewin |
| **País** | Gwlad |
| **Región** | Rhanbarth |
| **Río** | Afon |
| **Sur** | De |
| **Territorio** | Tiriogaeth |

## *Geología*
### Daeareg

| | |
|---|---|
| **Ácido** | Asid |
| **Calcio** | Calsiwm |
| **Capa** | Haen |
| **Caverna** | Ogof |
| **Continente** | Cyfandir |
| **Coral** | Cwrel |
| **Cristales** | Crisialau |
| **Cuarzo** | Cwarts |
| **Estalactita** | Stalactite |
| **Estalagmitas** | Stalagmidau |
| **Fósil** | Ffosil |
| **Géiser** | Geyser |
| **Lava** | Lafa |
| **Meseta** | Gwastad |
| **Minerales** | Mwynau |
| **Piedra** | Carreg |
| **Sal** | Halen |
| **Terremoto** | Daeargryn |
| **Volcán** | Llosgfynydd |
| **Zona** | Parth |

## Geometría
### Geometreg

| | |
|---|---|
| Altura | Uchder |
| Ángulo | Ongl |
| Cálculo | Cyfrifiad |
| Curva | Gromlin |
| Diámetro | Diamedr |
| Dimensión | Dimensiwn |
| Ecuación | Hafaliad |
| Horizontal | Llorweddol |
| Lógica | Rhesymeg |
| Masa | Màs |
| Mediana | Canolrif |
| Número | Rhif |
| Paralelo | Cyfochrog |
| Proporción | Cyfran |
| Segmento | Segment |
| Simetría | Cymesuredd |
| Superficie | Wyneb |
| Teoría | Theori |
| Triángulo | Triongl |
| Vertical | Fertigol |

## Gobierno
### Llywodraeth

| | |
|---|---|
| Ciudadanía | Dinasyddiaeth |
| Civil | Sifil |
| Constitución | Cyfansoddiad |
| Democracia | Democratiaeth |
| Derechos | Hawliau |
| Discurso | Araith |
| Discusión | Trafodaeth |
| Distrito | Ardal |
| Estado | Wladwriaeth |
| Igualdad | Cydraddoldeb |
| Independencia | Annibyniaeth |
| Judicial | Barnwrol |
| Justicia | Cyfiawnder |
| Ley | Cyfraith |
| Libertad | Rhyddid |
| Líder | Arweinydd |
| Monumento | Heneb |
| Nacional | Cenedlaethol |
| Nación | Cenedl |
| Símbolo | Symbol |

## Granja #1
### Fferm # 1

| | |
|---|---|
| Abeja | Gwenyn |
| Agua | Dŵr |
| Arroz | Reis |
| Burro | Asyn |
| Caballo | Ceffyl |
| Cabra | Gafr |
| Campo | Maes |
| Cuervo | Frân |
| Fertilizante | Gwrtaith |
| Gato | Cath |
| Heno | Gwair |
| Miel | Mêl |
| Perro | Ci |
| Pollo | Cyw Iâr |
| Rebaño | Ddiadell |
| Semillas | Hadau |
| Ternero | Llo |
| Tierra | Tir |
| Vaca | Buwch |
| Valla | Ffens |

## Granja #2
### Fferm # 2

| | |
|---|---|
| Agricultor | Ffermwr |
| Animales | Anifeiliaid |
| Cebada | Haidd |
| Comida | Bwyd |
| Cordero | Cig Oen |
| Fruta | Ffrwyth |
| Granero | Ysgubor |
| Huerto | Berllan |
| Leche | Llaeth |
| Llama | Lama |
| Maduro | Aeddfed |
| Maíz | Corn |
| Oveja | Defaid |
| Pastor | Bugail |
| Pato | Hwyaden |
| Prado | Dôl |
| Riego | Dyfrhau |
| Tractor | Tractor |
| Trigo | Gwenith |
| Vegetal | Llysiau |

## Herboristería
### Llysieuol

| | |
|---|---|
| Ajo | Garlleg |
| Albahaca | Basil |
| Aromático | Aromatig |
| Azafrán | Saffrwm |
| Calidad | Ansawdd |
| Culinario | Coginio |
| Eneldo | Dil |
| Estragón | Taragon |
| Flor | Blodyn |
| Hinojo | Ffenigl |
| Ingrediente | Cynhwysion |
| Jardín | Gardd |
| Lavanda | Lafant |
| Mejorana | Marjoram |
| Menta | Bathdy |
| Perejil | Persli |
| Planta | Planhigion |
| Romero | Rhosmar |
| Sabor | Blas |
| Verde | Gwyrdd |

## Ingeniería
### Peirianneg

| | |
|---|---|
| Ángulo | Ongl |
| Cálculo | Cyfrifiad |
| Construcción | Adeiladu |
| Diagrama | Diagram |
| Diámetro | Diamedr |
| Diesel | Diesel |
| Distribución | Dosbarthu |
| Eje | Echel |
| Energía | Ynni |
| Estabilidad | Sefydlogrwydd |
| Estructura | Strwythur |
| Fricción | Ffrithiant |
| Fuerza | Cryfder |
| Líquido | Hylif |
| Máquina | Peiriant |
| Medición | Mesur |
| Motor | Modur |
| Movimiento | Cynnig |
| Profundidad | Dyfnder |
| Rotación | Cylchdro |

## Inmigración
### Mewnfudo

| | |
|---|---|
| **Administración** | Gweinyddu |
| **Adultos** | Oedolion |
| **Aprobación** | Cymeradwyaeth |
| **Ayuda** | Cymorth |
| **Comunicación** | Cyfathrebu |
| **Documentos** | Dogfennau |
| **Estrés** | Straen |
| **Fecha Límite** | Dyddiad Cau |
| **Financiación** | Cyllid |
| **Fronteras** | Ffiniau |
| **Idioma** | Iaith |
| **Ley** | Cyfraith |
| **Negociación** | Trafod |
| **Niños** | Plant |
| **Oficial** | Swyddog |
| **Protección** | Diogelu |
| **Situación** | Sefyllfa |
| **Solución** | Ateb |
| **Vivienda** | Tai |

## Jardinería
### Garddio

| | |
|---|---|
| **Agua** | Dŵr |
| **Botánico** | Botanegol |
| **Clima** | Hinsawdd |
| **Comestible** | Bwytadwy |
| **Compost** | Compost |
| **Contenedor** | Cynhwysydd |
| **Especie** | Rhywogaethau |
| **Estacional** | Tymhorol |
| **Exótico** | Egsotig |
| **Flor** | Blodyn |
| **Floral** | Blodau |
| **Follaje** | Dail |
| **Huerto** | Berllan |
| **Humedad** | Lleithder |
| **Manguera** | Pibell |
| **Ramo** | Tusw |
| **Semillas** | Hadau |
| **Suciedad** | Baw |
| **Suelo** | Pridd |

## Jardín
### Gardd

| | |
|---|---|
| **Arbusto** | Llwyn |
| **Árbol** | Coed |
| **Banco** | Mainc |
| **Césped** | Lawnt |
| **Estanque** | Pwll |
| **Flor** | Blodyn |
| **Garaje** | Garej |
| **Hamaca** | Hammock |
| **Hierba** | Glaswellt |
| **Jardín** | Gardd |
| **Malezas** | Chwyn |
| **Manguera** | Pibell |
| **Pala** | Rhaw |
| **Porche** | Cyntedd |
| **Rastrillo** | Rhaca |
| **Rocas** | Creigiau |
| **Suelo** | Pridd |
| **Terraza** | Teras |
| **Trampolín** | Trampolîn |
| **Valla** | Ffens |

## Jazz
### Jazz

| | |
|---|---|
| **Artista** | Artist |
| **Álbum** | Albwm |
| **Canción** | Cân |
| **Composición** | Cyfansoddiad |
| **Compositor** | Cyfansoddwr |
| **Concierto** | Cyngerdd |
| **Estilo** | Arddull |
| **Énfasis** | Pwyslais |
| **Famoso** | Enwog |
| **Favoritos** | Ffefrynnau |
| **Género** | Genre |
| **Improvisación** | Byrfyfyr |
| **Música** | Cerddoriaeth |
| **Nuevo** | Newydd |
| **Orquesta** | Cerddorfa |
| **Ritmo** | Rhythm |
| **Talento** | Talent |
| **Tambores** | Drymiau |
| **Técnica** | Techneg |
| **Viejo** | Hen |

## La Empresa
### Y Cwmni

| | |
|---|---|
| **Calidad** | Ansawdd |
| **Creativo** | Creadigol |
| **Decisión** | Penderfyniad |
| **Empleo** | Cyflogaeth |
| **Global** | Byd-Eang |
| **Industria** | Diwydiant |
| **Ingresos** | Refeniw |
| **Innovador** | Arloesol |
| **Inversión** | Buddsoddiad |
| **Negocio** | Busnes |
| **Posibilidad** | Posibilrwydd |
| **Presentación** | Cyflwyniad |
| **Producto** | Cynnyrch |
| **Profesional** | Proffesiynol |
| **Progreso** | Cynnydd |
| **Recursos** | Adnoddau |
| **Reputación** | Enw Da |
| **Riesgos** | Risgiau |
| **Tendencias** | Tueddiadau |
| **Unidades** | Unedau |

## Libros
### Llyfrau

| | |
|---|---|
| **Autor** | Awdur |
| **Aventura** | Antur |
| **Colección** | Casgliad |
| **Contexto** | Cyd-Destun |
| **Dualidad** | Deuoliaeth |
| **Escrito** | Ysgrifenedig |
| **Historia** | Stori |
| **Histórico** | Hanesyddol |
| **Humorístico** | Doniol |
| **Inventivo** | Buddsoddi |
| **Lector** | Darllenydd |
| **Literario** | Llenyddol |
| **Narrador** | Adroddwr |
| **Novela** | Nofel |
| **Página** | Tudalen |
| **Pertinente** | Perthnasol |
| **Poema** | Cerdd |
| **Poesía** | Barddoniaeth |
| **Serie** | Cyfres |
| **Trágico** | Trasig |

## Literatura
### Llenyddiaeth

| | |
|---|---|
| **Analogía** | Cyfatebiaeth |
| **Análisis** | Dadansoddiad |
| **Anécdota** | Chwedl |
| **Autor** | Awdur |
| **Biografía** | Bywgraffiad |
| **Comparación** | Cymhariaeth |
| **Conclusión** | Casgliad |
| **Descripción** | Disgrifiad |
| **Diálogo** | Deialog |
| **Estilo** | Arddull |
| **Ficción** | Ffuglen |
| **Metáfora** | Trosiad |
| **Narrador** | Adroddwr |
| **Novela** | Nofel |
| **Poema** | Cerdd |
| **Poético** | Barddonol |
| **Rima** | Odl |
| **Ritmo** | Rhythm |
| **Tema** | Thema |
| **Tragedia** | Drychineb |

## Los Medios de Comunicación
### Y Cyfryngau

| | |
|---|---|
| **Actitudes** | Agweddau |
| **Comercial** | Masnachol |
| **Comunicación** | Cyfathrebu |
| **Digital** | Digidol |
| **Edición** | Argraffiad |
| **Educación** | Addysg |
| **En Línea** | Ar-Lein |
| **Financiación** | Cyllid |
| **Fotos** | Lluniau |
| **Hechos** | Ffeithiau |
| **Individual** | Unigol |
| **Industria** | Diwydiant |
| **Intelectual** | Deallusol |
| **Local** | Lleol |
| **Opinión** | Barn |
| **Público** | Cyhoeddus |
| **Radio** | Radio |
| **Red** | Rhwydwaith |
| **Revistas** | Cylchgronau |
| **Televisión** | Teledu |

## Mamíferos
### Mamaliaid

| | |
|---|---|
| **Ballena** | Morfil |
| **Burro** | Asyn |
| **Caballo** | Ceffyl |
| **Camello** | Camel |
| **Canguro** | Kangaroo |
| **Cebra** | Sebra |
| **Conejo** | Cwningen |
| **Coyote** | Coyote |
| **Delfín** | Dolffin |
| **Elefante** | Eliffant |
| **Gato** | Cath |
| **Gorila** | Gorila |
| **Jirafa** | Jiraff |
| **Lobo** | Blaidd |
| **Mono** | Mwnci |
| **Oso** | Arth |
| **Oveja** | Defaid |
| **Perro** | Ci |
| **Toro** | Tarw |
| **Zorro** | Llwynog |

## Matemáticas
### Mathemateg

| | |
|---|---|
| **Aritmética** | Rhifyddeg |
| **Ángulos** | Onglau |
| **Circunferencia** | Cylchedd |
| **Cuadrado** | Sgwâr |
| **Decimal** | Degol |
| **Diámetro** | Diamedr |
| **Ecuación** | Hafaliad |
| **Fracción** | Ffracsiwn |
| **Geometría** | Geometreg |
| **Números** | Rhifau |
| **Paralelo** | Cyfochrog |
| **Paralelogramo** | Paralelogram |
| **Perímetro** | Amfesur |
| **Perpendicular** | Berpendicwlar |
| **Polígono** | Polygon |
| **Radio** | Radiws |
| **Rectángulo** | Petryal |
| **Simetría** | Cymesuredd |
| **Triángulo** | Triongl |
| **Volumen** | Cyfrol |

## Mediciones
### Mesuriadau

| | |
|---|---|
| **Altura** | Uchder |
| **Ancho** | Lled |
| **Byte** | Beit |
| **Centímetro** | Canolfan |
| **Decimal** | Degol |
| **Grado** | Gradd |
| **Gramo** | Gram |
| **Kilogramo** | Cilogram |
| **Litro** | Litr |
| **Longitud** | Hyd |
| **Masa** | Màs |
| **Metro** | Mesurydd |
| **Minuto** | Munud |
| **Onza** | Owns |
| **Peso** | Pwysau |
| **Pinta** | Peint |
| **Profundidad** | Dyfnder |
| **Pulgada** | Modfedd |
| **Tonelada** | Tunnell |
| **Volumen** | Cyfrol |

## Meditación
### Myfyrdod

| | |
|---|---|
| **Aceptación** | Derbyn |
| **Atención** | Sylw |
| **Bondad** | Caredigrwydd |
| **Calma** | Dawel |
| **Claridad** | Eglurder |
| **Compasión** | Tosturi |
| **Emociones** | Emosiynau |
| **Felicidad** | Hapusrwydd |
| **Gratitud** | Diolchgarwch |
| **Mental** | Meddyliol |
| **Mente** | Meddwl |
| **Movimiento** | Symudiad |
| **Música** | Cerddoriaeth |
| **Naturaleza** | Natur |
| **Paz** | Heddwch |
| **Pensamientos** | Meddyliau |
| **Perspectiva** | Safbwynt |
| **Postura** | Osgo |
| **Respiración** | Anadlu |
| **Silencio** | Distawrwydd |

## Mitología
### Mytholeg

| | |
|---|---|
| Celos | Cenfigen |
| Cielo | Nefoedd |
| Comportamiento | Ymddygiad |
| Creación | Creu |
| Creencias | Credoau |
| Criatura | Creadur |
| Cultura | Diwylliant |
| Deidades | Duwiau |
| Desastre | Trychineb |
| Fuerza | Cryfder |
| Guerrero | Rhyfelwr |
| Héroe | Arwr |
| Inmortalidad | Anfarwoldeb |
| Laberinto | Labyrinth |
| Leyenda | Chwedl |
| Monstruo | Anghenfil |
| Mortal | Marwol |
| Rayo | Mellt |
| Trueno | Meddwl |
| Venganza | Dial |

## Moda
### Ffasiwn

| | |
|---|---|
| Asequible | Fforddiadwy |
| Bordado | Brodwaith |
| Botones | Botymau |
| Boutique | Boutique |
| Caro | Drud |
| Elegante | Cain |
| Encaje | Lace |
| Estilo | Arddull |
| Mediciones | Mesuriadau |
| Minimalista | Lleiaf |
| Moderno | Modern |
| Modesto | Cymedrol |
| Original | Gwreiddiol |
| Patrón | Patrwm |
| Práctico | Ymarferol |
| Ropa | Dillad |
| Sencillo | Syml |
| Tendencia | Tuedd |
| Textura | Gwead |

## Música
### Cerddoriaeth

| | |
|---|---|
| Armonía | Harmoni |
| Armónico | Harmonig |
| Álbum | Albwm |
| Balada | Baled |
| Cantante | Canwr |
| Cantar | Canu |
| Clásico | Clasurol |
| Coro | Corws |
| Grabación | Cofnodi |
| Improvisar | Byrfyfyr |
| Instrumento | Offeryn |
| Melodía | Alaw |
| Micrófono | Meicroffon |
| Musical | Cerddorol |
| Músico | Cerddor |
| Ópera | Opera |
| Poético | Barddonol |
| Ritmo | Rhythm |
| Tempo | Tempo |
| Vocal | Lleisiol |

## Naturaleza
### Natur

| | |
|---|---|
| Abejas | Gwenyn |
| Acantilados | Clogwyni |
| Animales | Anifeiliaid |
| Ártico | Arctig |
| Belleza | Harddwch |
| Bosque | Coedwig |
| Desierto | Anialwch |
| Dinámico | Dynamig |
| Follaje | Dail |
| Glaciar | Rhewlif |
| Montañas | Mynyddoedd |
| Niebla | Niwl |
| Nubes | Cymylau |
| Pacífico | Heddychlon |
| Río | Afon |
| Salvaje | Gwyllt |
| Santuario | Cysegr |
| Sereno | Tawel |
| Tropical | Trofannol |
| Vital | Hanfodol |

## Negocio
### Busnes

| | |
|---|---|
| Carrera | Gyrfa |
| Costo | Cost |
| Descuento | Disgownt |
| Dinero | Arian |
| Economía | Economeg |
| Empleado | Cyflogai |
| Empleador | Cyflogwr |
| Empresa | Cwmni |
| Fábrica | Ffatri |
| Finanzas | Cyllid |
| Impuestos | Trethi |
| Inversión | Buddsoddiad |
| Mercancía | Nwyddau |
| Oficina | Swyddfa |
| Personal | Staff |
| Presupuesto | Cyllideb |
| Tienda | Siop |
| Trabajo | Swydd |
| Transacción | Trafod |
| Venta | Gwerthu |

## Nutrición
### Maeth

| | |
|---|---|
| Amargo | Chwerw |
| Apetito | Archwaeth |
| Calidad | Ansawdd |
| Calorías | Galorïau |
| Carbohidratos | Carbohydradau |
| Cereales | Grawnfwydydd |
| Comestible | Bwytadwy |
| Dieta | Deiet |
| Digestión | Treuliad |
| Equilibrado | Cytbwys |
| Fermentación | Eplesu |
| Nutriente | Maeth |
| Peso | Pwysau |
| Proteínas | Proteinau |
| Sabor | Blas |
| Salsa | Saws |
| Salud | Iechyd |
| Saludable | Iach |
| Toxina | Gwenwyn |
| Vitamina | Fitamin |

## Números
### Rhifau

| | |
|---|---|
| **Cero** | Sero |
| **Cinco** | Pump |
| **Cuatro** | Pedwar |
| **Decimal** | Degol |
| **Dieciocho** | Deunaw |
| **Dieciséis** | Un ar Bymtheg |
| **Diez** | Deg |
| **Doce** | Deuddeg |
| **Dos** | Dau |
| **Matemática** | Math |
| **Nueve** | Naw |
| **Ocho** | Wyth |
| **Quince** | Pymtheg |
| **Seis** | Chwech |
| **Siete** | Saith |
| **Trece** | Tri ar Ddeg |
| **Tres** | Tri |
| **Uno** | Un |
| **Veinte** | Ugain |

## Océano
### Cefnfor

| | |
|---|---|
| **Alga** | Algâu |
| **Algas Marinas** | Gwymon |
| **Anguila** | Llysywod |
| **Atún** | Tiwna |
| **Ballena** | Morfil |
| **Barco** | Cwch |
| **Camarón** | Berdys |
| **Cangrejo** | Cranc |
| **Coral** | Cwrel |
| **Delfín** | Dolffin |
| **Esponja** | Noddi |
| **Mareas** | Llanw |
| **Medusa** | Sglefrod Môr |
| **Ostra** | Wystrys |
| **Pescado** | Pysgod |
| **Pulpo** | Octopws |
| **Sal** | Halen |
| **Tiburón** | Siarc |
| **Tormenta** | Storm |
| **Tortuga** | Crwban |

## Paisajes
### Tirweddau

| | |
|---|---|
| **Cascada** | Rhaeadr |
| **Cueva** | Ogof |
| **Desierto** | Anialwch |
| **Estuario** | Aber |
| **Géiser** | Geyser |
| **Glaciar** | Rhewlif |
| **Golfo** | Gwlff |
| **Iceberg** | Mynydd lâ |
| **Isla** | Ynys |
| **Lago** | Llyn |
| **Mar** | Môr |
| **Montaña** | Mynydd |
| **Oasis** | Werddon |
| **Pantano** | Gors |
| **Península** | Penrhyn |
| **Playa** | Traeth |
| **Río** | Afon |
| **Tundra** | Tundra |
| **Valle** | Dyffryn |
| **Volcán** | Llosgfynydd |

## Países #1
### Gwledydd # 1

| | |
|---|---|
| **Alemania** | Yr Almaen |
| **Argentina** | Ariannin |
| **Bélgica** | Gwlad Belg |
| **Brasil** | Brasil |
| **Canadá** | Canada |
| **Ecuador** | Ecwador |
| **Egipto** | Yr Aifft |
| **España** | Sbaen |
| **Filipinas** | Philippines |
| **Honduras** | Honduras |
| **India** | India |
| **Italia** | Yr Eidal |
| **Libia** | Libya |
| **Malí** | Mali |
| **Marruecos** | Moroco |
| **Nicaragua** | Nicaragua |
| **Noruega** | Norwy |
| **Panamá** | Panama |
| **Polonia** | Gwlad Pwyl |
| **Venezuela** | Venezuela |

## Países #2
### Gwledydd # 2

| | |
|---|---|
| **Albania** | Albania |
| **Australia** | Awstralia |
| **Austria** | Awstria |
| **Dinamarca** | Denmarc |
| **Etiopía** | Ethiopia |
| **Francia** | Ffrainc |
| **Grecia** | Gwlad Groeg |
| **Indonesia** | Indonesia |
| **Irlanda** | Iwerddon |
| **Jamaica** | Jamaica |
| **Japón** | Japan |
| **Laos** | Laos |
| **México** | Mecsico |
| **Pakistán** | Pakistan |
| **Portugal** | Portiwgal |
| **Rusia** | Rwsia |
| **Siria** | Syria |
| **Sudán** | Sudan |
| **Ucrania** | Wcráin |
| **Uganda** | Uganda |

## Pájaros
### Adar

| | |
|---|---|
| **Avestruz** | Estrys |
| **Águila** | Eryr |
| **Cigüeña** | Ciconia |
| **Cisne** | Alarch |
| **Cuco** | Gog |
| **Cuervo** | Frân |
| **Flamenco** | Fflamingo |
| **Ganso** | Gŵydd |
| **Garza** | Crëyr |
| **Gaviota** | Gwylan |
| **Gorrión** | Aderyn |
| **Halcón** | Hebog |
| **Huevo** | Wy |
| **Loro** | Parot |
| **Paloma** | Colomen |
| **Pato** | Hwyaden |
| **Pelícano** | Pelican |
| **Pingüino** | Pengwin |
| **Pollo** | Cyw Iâr |
| **Tucán** | Twcan |

## Pesca
### Pysgota

| | |
|---|---|
| **Agua** | Dŵr |
| **Aletas** | Esgyll |
| **Barco** | Cwch |
| **Branquias** | Tagellau |
| **Cable** | Gwifren |
| **Cebo** | Abwyd |
| **Cesta** | Basged |
| **Cocinar** | Coginio |
| **Equipo** | Offer |
| **Exageración** | Esboniad |
| **Gancho** | Bachyn |
| **Lago** | Llyn |
| **Mandíbula** | Ên |
| **Océano** | Cefnfor |
| **Paciencia** | Amynedd |
| **Peso** | Pwysau |
| **Playa** | Traeth |
| **Río** | Afon |
| **Temporada** | Tymor |

## Plantas
### Planhigion

| | |
|---|---|
| **Arbusto** | Llwyn |
| **Árbol** | Coed |
| **Bambú** | Bambŵ |
| **Baya** | Aeron |
| **Bosque** | Coedwig |
| **Botánica** | Llysieueg |
| **Cactus** | Cactus |
| **Fertilizante** | Gwrtaith |
| **Flor** | Blodyn |
| **Flora** | Flora |
| **Follaje** | Dail |
| **Frijol** | Ffa |
| **Hiedra** | Eiddew |
| **Hierba** | Glaswellt |
| **Jardín** | Gardd |
| **Musgo** | Mwsogl |
| **Pétalo** | Petal |
| **Raíz** | Gwraidd |
| **Sol** | Haul |
| **Vegetación** | Llystyfiant |

## Profesiones #1
### Proffesiynau # 1

| | |
|---|---|
| **Abogado** | Cyfreithiwr |
| **Astrónomo** | Seryddwr |
| **Atleta** | Mabolgampwr |
| **Bailarín** | Dawnsiwr |
| **Banquero** | Banciwr |
| **Bombero** | Diffoddwr Tân |
| **Cartógrafo** | Cartographer |
| **Cazador** | Helwyr |
| **Doctor** | Meddyg |
| **Editor** | Golygydd |
| **Embajador** | Llysgennad |
| **Enfermera** | Nyrs |
| **Entrenador** | Hyfforddwr |
| **Fontanero** | Plymwr |
| **Geólogo** | Daearegwr |
| **Joyero** | Gemydd |
| **Músico** | Cerddor |
| **Pianista** | Pianydd |
| **Psicólogo** | Seicolegydd |
| **Veterinario** | Milfeddyg |

## Profesiones #2
### Proffesiynau # 2

| | |
|---|---|
| **Agricultor** | Ffermwr |
| **Astronauta** | Gofodwr |
| **Bibliotecario** | Llyfrgellydd |
| **Biólogo** | Biolegydd |
| **Cirujano** | Llawfeddyg |
| **Dentista** | Deintydd |
| **Detective** | Ditectif |
| **Filósofo** | Athronydd |
| **Fotógrafo** | Ffotograffydd |
| **Ilustrador** | Darlunydd |
| **Ingeniero** | Peiriannydd |
| **Inventor** | Dyfeisiwr |
| **Investigador** | Ymchwilydd |
| **Jardinero** | Garddwr |
| **Lingüista** | Ieithydd |
| **Médico** | Meddyg |
| **Periodista** | Newyddiadurwr |
| **Piloto** | Peilot |
| **Pintor** | Peintiwr |
| **Profesor** | Athro |

## Psicología
### Seicoleg

| | |
|---|---|
| **Clínico** | Clinigol |
| **Cognición** | Gwybyddiaeth |
| **Comportamiento** | Ymddygiad |
| **Conflicto** | Gwrthdaro |
| **Ego** | Ego |
| **Emociones** | Emosiynau |
| **Evaluación** | Asesiad |
| **Experiencias** | Profiadau |
| **Ideas** | Syniadau |
| **Inconsciente** | Anymwybodol |
| **Infancia** | Plentyndod |
| **Influencias** | Dylanwadau |
| **Pensamientos** | Meddyliau |
| **Percepción** | Canfyddiad |
| **Personalidad** | Personoliaeth |
| **Problema** | Broblem |
| **Realidad** | Realiti |
| **Sensación** | Teimlad |
| **Sueños** | Breuddwydion |
| **Terapia** | Therapi |

## Química
### Cemeg

| | |
|---|---|
| **Alcalino** | Alcalïaidd |
| **Ácido** | Asid |
| **Calor** | Gwres |
| **Carbono** | Carbon |
| **Catalizador** | Catalydd |
| **Cloro** | Clorin |
| **Electrón** | Electron |
| **Enzima** | Ensym |
| **Gas** | Nwy |
| **Hidrógeno** | Hydrogen |
| **Ion** | Ion |
| **Líquido** | Hylif |
| **Metales** | Metelau |
| **Molécula** | Moleciwl |
| **Nuclear** | Niwclear |
| **Oxígeno** | Ocsigen |
| **Peso** | Pwysau |
| **Reacción** | Adwaith |
| **Sal** | Halen |
| **Temperatura** | Tymheredd |

## Ropa
### Dillad

| | |
|---|---|
| Abrigo | Côt |
| Blusa | Blows |
| Bufanda | Sgarff |
| Camisa | Crys |
| Chaqueta | Siaced |
| Cinturón | Gwregys |
| Collar | Adnabod |
| Delantal | Ffedog |
| Falda | Sgert |
| Guantes | Menig |
| Joyas | Gemwaith |
| Moda | Ffasiwn |
| Pantalones | Pants |
| Pijama | Pyjamas |
| Pulsera | Breichled |
| Sandalias | Sandalau |
| Sombrero | Het |
| Suéter | Chwyswr |
| Vestido | Gwisg |
| Zapato | Esgid |

## Salud y Bienestar #1
### Iechyd a Lles # 1

| | |
|---|---|
| Activo | Gweithredol |
| Altura | Uchder |
| Bacterias | Bacteria |
| Clínica | Clinig |
| Doctor | Meddyg |
| Farmacia | Fferyllfa |
| Fractura | Twyll |
| Hambre | Newyn |
| Hábito | Arfer |
| Hormonas | Hormonau |
| Huesos | Esgyrn |
| Medicina | Meddygaeth |
| Músculos | Cyhyrau |
| Nervios | Nerfau |
| Piel | Croen |
| Postura | Osgo |
| Reflejo | Atgyrch |
| Relajación | Ymlacio |
| Terapia | Therapi |
| Tratamiento | Triniaeth |

## Salud y Bienestar #2
### Iechyd a Lles # 2

| | |
|---|---|
| Alergia | Alergedd |
| Anatomía | Anatomeg |
| Apetito | Archwaeth |
| Caloría | Calori |
| Dieta | Deiet |
| Digestión | Treuliad |
| Energía | Ynni |
| Enfermedad | Clefyd |
| Estrés | Straen |
| Genética | Geneteg |
| Higiene | Hylendid |
| Hospital | Ysbyty |
| Infección | Haint |
| Masaje | Tylino |
| Nutrición | Maeth |
| Peso | Pwysau |
| Recuperación | Adfer |
| Saludable | Iach |
| Sangre | Gwaed |
| Vitamina | Fitamin |

## Selva Tropical
### Fforestydd Glaw

| | |
|---|---|
| Anfibios | Amffibiaid |
| Botánico | Botanegol |
| Clima | Hinsawdd |
| Comunidad | Cymuned |
| Diversidad | Amrywiaeth |
| Especie | Rhywogaethau |
| Indígena | Cynhenid |
| Insectos | Pryfed |
| Mamíferos | Mamaliaid |
| Musgo | Mwsogl |
| Naturaleza | Natur |
| Nubes | Cymylau |
| Pájaros | Adar |
| Preservación | Cadwraeth |
| Refugio | Lloches |
| Respeto | Parch |
| Restauración | Adfer |
| Selva | Jyngl |
| Supervivencia | Goroesi |
| Valioso | Gwerthfawr |

## Tiempo
### Amser

| | |
|---|---|
| Ahora | Nawr |
| Antes | Cyn |
| Anual | Blynyddol |
| Año | Blwyddyn |
| Ayer | Ddoe |
| Calendario | Calendr |
| Década | Degawd |
| Día | Dydd |
| Futuro | Dyfodol |
| Hora | Awr |
| Hoy | Heddiw |
| Mañana | Bore |
| Mediodía | Hanner Dydd |
| Mes | Mis |
| Minuto | Munud |
| Momento | Sylw |
| Noche | Nos |
| Reloj | Cloc |
| Semana | Wythnos |
| Siglo | Canrif |

## Tipos de Cabello
### Mathau o Wallt

| | |
|---|---|
| Blanco | Gwyn |
| Brillante | Sgleiniog |
| Calvo | Moel |
| Coloreado | Lliw |
| Corto | Byr |
| Delgada | Tenau |
| Gris | Llwyd |
| Grueso | Trwchus |
| Largo | Hir |
| Marrón | Brown |
| Negro | Du |
| Plata | Arian |
| Rizado | Cyrliog |
| Rizos | Curls |
| Rubio | Blond |
| Saludable | Iach |
| Seco | Sych |
| Suave | Meddal |
| Trenzado | Plethedig |
| Trenzas | Blethi |

## Universo
### Bydysawd

| | |
|---|---|
| Asteroide | Asteroid |
| Astronomía | Seryddiaeth |
| Astrónomo | Seryddwr |
| Atmósfera | Awyrgylch |
| Celestial | Nefol |
| Cielo | Awyr |
| Cósmico | Cosmig |
| Ecuador | Cyhydedd |
| Galaxia | Galaeth |
| Hemisferio | Hemisffer |
| Horizonte | Gorwel |
| Latitud | Lledred |
| Longitud | Hydred |
| Luna | Lleuad |
| Oscuridad | Tywyllwch |
| Órbita | Orbit |
| Solar | Solar |
| Solsticio | Ateb |
| Telescopio | Telesgop |
| Visible | Gweladwy |

## Vacaciones #2
### Yn Ystod y Gwyliau #2

| | |
|---|---|
| Aeropuerto | Maes Awyr |
| Carpa | Pabell |
| Destino | Cyrchfan |
| Extranjero | Tramor |
| Fotos | Lluniau |
| Hotel | Gwesty |
| Isla | Ynys |
| Mapa | Map |
| Mar | Môr |
| Ocio | Hamdden |
| Pasaporte | Pasbort |
| Playa | Traeth |
| Reservas | Amheuon |
| Restaurante | Bwyty |
| Taxi | Tacsi |
| Transporte | Cludiant |
| Tren | Trên |
| Vacaciones | Gwyliau |
| Viaje | Taith |
| Visa | Fisa |

## Vehículos
### Cerbydau

| | |
|---|---|
| Ambulancia | Ambiwlans |
| Autobús | Bws |
| Avión | Awyren |
| Balsa | Llu |
| Barco | Cwch |
| Bicicleta | Beic |
| Camión | Lori |
| Caravana | Carafan |
| Coche | Car |
| Cohete | Roced |
| Ferry | Fferi |
| Helicóptero | Hofrennydd |
| Lanzadera | Gwennol |
| Metro | Isffordd |
| Motor | Modur |
| Neumáticos | Tirion |
| Submarino | Llong Danfor |
| Taxi | Tacsi |
| Tractor | Tractor |
| Tren | Trên |

## Verduras
### Llysiau

| | |
|---|---|
| Ajo | Garlleg |
| Alcachofa | Artisiog |
| Apio | Seleri |
| Berenjena | Eggplant |
| Brócoli | Brocoli |
| Calabaza | Pwmpen |
| Cebolla | Union |
| Ensalada | Salad |
| Espinacas | Sbigoglys |
| Guisante | Pys |
| Jengibre | Sinsir |
| Nabo | Maip |
| Oliva | Olewydd |
| Patata | Tatws |
| Pepino | Ciwcymbr |
| Perejil | Persli |
| Rábano | Radish |
| Seta | Madarch |
| Tomate | Tomato |
| Zanahoria | Moron |

# Enhorabuena

**Lo has conseguido!**

Esperamos que hayas disfrutado de este libro tanto como nosotros al diseñarlo. Nos esforzamos por crear libros de la máxima calidad posible.
Esta edición está diseñada para proporcionar un aprendizaje inteligente, de calidad y divertido!

¿Te ha gustado este libro?

-------

Una Petición Sencilla

Estos libros existen gracias a las reseñas que se publican.
¿Podrías ayudarnos dejando una reseña ahora?
Aquí tienes un breve enlace a la página de reseñas

BestBooksActivity.com/Opiniones50

# ¡DESAFÍO FINAL!

## Reto n°1

¿Estás listo para tu juego gratis? Los utilizamos siempre, pero no son tan fáciles de encontrar. ¡Aquí están los **Sinónimos!**

Escribe 5 palabras que hayas encontrado en los rompecabezas (#21, #36, #76) y trata de encontrar 2 sinónimos para cada palabra.

### Escriba 5 palabras del **Puzzle 21**

| Palabras | Sinónimo 1 | Sinónimo 2 |
|---|---|---|
|  |  |  |
|  |  |  |
|  |  |  |
|  |  |  |
|  |  |  |

### Escriba 5 palabras del **Puzzle 36**

| Palabras | Sinónimo 1 | Sinónimo 2 |
|---|---|---|
|  |  |  |
|  |  |  |
|  |  |  |
|  |  |  |
|  |  |  |

### Escriba 5 palabras del **Puzzle 76**

| Palabras | Sinónimo 1 | Sinónimo 2 |
|---|---|---|
|  |  |  |
|  |  |  |
|  |  |  |
|  |  |  |
|  |  |  |

# Reto n°2

Ahora que te has calentado, escribe 5 palabras que hayas encontrado en los Puzzles 9, 17 y 25 e intenta encontrar 2 antónimos para cada palabra. ¿Cuántos puedes encontrar en 20 minutos?

*Escriba 5 palabras del* **Puzzle 9**

| Palabras | Antónimo 1 | Antónimo 2 |
|----------|------------|------------|
|          |            |            |
|          |            |            |
|          |            |            |
|          |            |            |
|          |            |            |

*Escriba 5 palabras del* **Puzzle 17**

| Palabras | Antónimo 1 | Antónimo 2 |
|----------|------------|------------|
|          |            |            |
|          |            |            |
|          |            |            |
|          |            |            |
|          |            |            |

*Escriba 5 palabras del* **Puzzle 25**

| Palabras | Antónimo 1 | Antónimo 2 |
|----------|------------|------------|
|          |            |            |
|          |            |            |
|          |            |            |
|          |            |            |
|          |            |            |

# Reto n°3

¡Genial! Este desafío final no es nada para ti.

¿Preparado para el reto final? Elige 10 palabras que hayas descubierto en los diferentes rompecabezas y escríbelas a continuación.

| | |
|---|---|
| 1. | 6. |
| 2. | 7. |
| 3. | 8. |
| 4. | 9. |
| 5. | 10. |

Ahora escribe un texto pensando en una persona, un animal o un lugar que te guste.

*Puedes usar la última página de este libro como borrador.*

## Tu Composición:

# CUADERNO DE NOTAS :

# HASTA PRONTO !

*Todo el Equipo*

# DESCUBRA JUEGOS GRATIS

## GO

↓

**BESTACTIVITYBOOKS.COM/FREEGAMES**